Pensées pour ceux qui cherchent

Correction : Anne-Marie Theorêt et Charlotte de Celles
Infographie : Johanne Lemay

Gouvernement du Québec – Programme de crédit d'impôt pour l'édition de livres – Gestion SODEC – www.sodec.gouv.qc.ca

L'Éditeur bénéficie du soutien de la Société de développement des entreprises culturelles du Québec pour son programme d'édition.

Conseil des Arts du Canada   Canada Council for the Arts

Nous remercions le Conseil des Arts du Canada de l'aide accordée à notre programme de publication.

Nous remercions le gouvernement du Canada de son soutien financier pour nos activités de traduction dans le cadre du Programme national de traduction pour l'édition du livre.

Nous reconnaissons l'aide financière du gouvernement du Canada par l'entremise du Fonds du livre du Canada pour nos activités d'édition.

01-12

L'ouvrage original a été publié par Weiser Books, sous le titre *The Seeker, the Search, the Sacred.*

Dépôt légal : 2012
Bibliothèque et Archives nationales du Québec

ISBN 978-2-7619-3132-8

DISTRIBUTEURS EXCLUSIFS :

Pour le Canada et les États-Unis :
MESSAGERIES ADP*
2315, rue de la Province
Longueuil, Québec J4G 1G4
Téléphone : 450 640-1237
Télécopieur : 450 674-6237
Internet : www.messageries-adp.com
* filiale du Groupe Sogides inc.,
filiale de Quebecor Media inc.

Pour la France et les autres pays :
INTERFORUM editis
Immeuble Paryseine, 3, allée de la Seine
94854 Ivry CEDEX
Téléphone : 33 (0) 1 49 59 11 56/91
Télécopieur : 33 (0) 1 49 59 11 33
Service commandes France Métropolitaine
Téléphone : 33 (0) 2 38 32 71 00
Télécopieur : 33 (0) 2 38 32 71 28
Internet : www.interforum.fr
Service commandes Export – DOM-TOM
Télécopieur : 33 (0) 2 38 32 78 86
Internet : www.interforum.fr
Courriel : cdes-export@interforum.fr

Pour la Suisse :
INTERFORUM editis SUISSE
Case postale 69 – CH 1701 Fribourg – Suisse
Téléphone : 41 (0) 26 460 80 60
Télécopieur : 41 (0) 26 460 80 68
Internet : www.interforumsuisse.ch
Courriel : office@interforumsuisse.ch
Distributeur : OLF S.A.
ZI. 3, Corminboeuf
Case postale 1061 – CH 1701 Fribourg – Suisse
Commandes :
Téléphone : 41 (0) 26 467 53 33
Télécopieur : 41 (0) 26 467 54 66
Internet : www.olf.ch
Courriel : information@olf.ch

Pour la Belgique et le Luxembourg :
INTERFORUM BENELUX S.A.
Fond Jean-Pâques, 6
B-1348 Louvain-La-Neuve
Téléphone : 32 (0) 10 42 03 20
Télécopieur : 32 (0) 10 41 20 24
Internet : www.interforum.be
Courriel : info@interforum.be

Guy Finley

Pensées pour ceux qui cherchent

Par l'auteur de *Lâcher prise*

Traduit de l'anglais
par Paule Noyart

LES ÉDITIONS DE L'HOMME
Une compagnie de Quebecor Media

Avant-propos

Dans un sens, on pourrait dire que ce livre *a près de 5000 ans* ! Sur une période plus raisonnable, la vérité est que j'ai commencé à récolter les idées intemporelles qui y sont rassemblées il y a plus de 30 ans. C'est à cette époque que le destin m'a permis de rencontrer l'auteur et philosophe Vernon Howard. Au cours de la première année durant laquelle j'ai travaillé avec lui – qui allait se prolonger pendant les quatorze ans au cours desquels j'ai bénéficié de ses conseils éclairés (jusqu'à sa disparition en 1992) –, j'ai découvert et été subjugué par un de ses premiers ouvrages, *The Mystic Masters Speak*.

Le livre de ce maître contemporain est une vaste compilation de citations extraordinaires soigneusement classées par catégories dans une vaste liste de sujets. L'éventail de ces sujets passe par toute la gamme des expériences humaines – nature et signification de la réussite ; libération des états négatifs ; amour des semblables et relations humaines harmonieuses. L'ensemble éclaire la place et la responsabilité de chaque être humain dans l'ordre de la création.

Mais par-dessus tout, ce recueil d'une bonne centaine de joyaux spirituels éclaire l'évidence d'une simple vérité, d'un trésor plus grand que la somme de ses parties : *en chacun de nous brille une Lumière vivante, une conscience dans laquelle amour et compassion ne s'étiolent jamais. C'est une intelligence éternelle dont la sagesse, une fois éveillée, procure à la fois une explication et une solution à toutes les souffrances et à tous les chagrins que nous découvrons en nous et autour de nous.*

Sans savoir comment se produit ce phénomène, nous constatons que la vérité cachée derrière cette révélation rend toutes choses extrêmement claires : cet état de conscience supérieur ne constitue pas une exception à la règle, *il est* la règle pour tous ceux qui veulent entreprendre ce voyage intérieur. Lentement, mais dans une certitude croissante – comme l'on voit apparaître une haute montagne à travers la brume –, mon esprit a vu émerger de cette nouvelle connaissance des possibilités inattendues et infinies. Enfouie tout au fond de moi, une simple question s'est formée, qui ne m'a plus jamais quitté :

Que se passerait-il si ces idées éternelles révélaient au monde entier leur histoire secrète ? La lumière de ces vérités – et l'espoir et la promesse qu'elles contiennent sur nos possibilités latentes – pourrait-elle nous aider à nous libérer des innombrables peurs qui gardent notre conscience en otage ?

Imaginez l'anéantissement de toute forme de fanatisme – ce fanatisme suscité par des différences purement imaginaires ; imaginez la naissance d'un nouvel ordre de paix créé par la certitude collective que *tous* les êtres qui vivent sur cette terre partagent un dessein commun.

J'ai compris que ma tâche était de tenter de semer ces idées à travers le monde. Dix-huit mois plus tard, je me suis dit que ce que je pouvais faire de mieux à cette époque était de leur frayer un chemin vacillant et tâtonnant dans une colonne très schématique figurant dans un journal local. Comme on peut s'en douter, cette tâche était condamnée d'avance.

En résumé, la leçon que j'ai apprise est inestimable : alors que beaucoup de gens clament leur désir d'être libres, bien peu sont prêts à entreprendre le travail intérieur indispensable pour parvenir à ce but ! Cette vérité est devenue douloureusement évidente : nos aspirations sociales fortement conditionnées par les exigences constantes de notre ego prennent le pas sur notre besoin spirituel latent de nous élever, de nous recréer. Mais de ce type de découverte jaillit parfois une bonne semence.

C'est peut-être, en partie, ce rejet sommaire de ce à quoi je tenais si chèrement qui a fait germer en moi l'idée de ce qu'allait être ce livre. Je me souviens avoir pensé un jour que je me lancerais moi aussi dans la même mission que Vernon Howard, mais en adoptant une autre démarche : je créerais un véhicule qui m'aiderait à dire, puis à expliquer l'histoire cachée depuis des millénaires dans les paroles des grands penseurs de ce monde.

Ce livre – ma propre tentative d'honorer et de révéler cette réalité sous-jacente derrière tout enseignement de la vérité –, je le dédie à Vernon Howard, mon maître et mon professeur. Son travail inlassable et son infinie compassion m'ont apporté la certitude que tous les êtres qui le désirent peuvent, dans cette vie, créer un nouvel ordre humain, profond et immortel.

Merci, Vernon Howard, pour tout ce que vous m'avez inspiré.

Introduction

Semences de feu ; empreintes sur le sable

Rares sont ceux qui regardent avec leurs yeux et qui pensent avec leur esprit.

ALBERT EINSTEIN

Chaque fois que notre monde change et devient meilleur, il ne le fait que pour une seule raison : quelque part, dans un endroit particulier, quelqu'un (une personne comme vous et moi) est soudainement « transformé ». Dans un simple clignement d'œil surgit une révélation inattendue et longtemps espérée ; une idée tout à fait neuve apparaît dans un cerveau préparé à son arrivée ; et une union prend place entre *ce qui a été* et *ce qui sera peut-être*.

Comme les étoiles qui parsèment le ciel nocturne, notre histoire est jalonnée de ces moments éclatants qui donnent naissance à une vision et une approche totalement neuves. C'est de cette vision que surgissent les découvertes qui changent le *monde* tel que nous le connaissons. Comme nous allons le découvrir, la possibilité d'une union différente existe aussi, dont la consommation change la nature de l'individu chez qui cette union se crée. Dans ces moments de lumière intérieure, des formes obsolètes et des croyances pauvres et limitées – et les vieilles déités qui les gouvernent – sont réduites en cendres.

Voici le récit d'une de ces illuminations racontée par Malwida von Meysenbug, auteure allemande du XIXᵉ siècle :

> J'étais seule au bord de la mer lorsque toutes ces pensées m'ont submergée, libératrices, réconciliatrices ; et à nouveau, comme cela m'est arrivé il y a très longtemps dans les Alpes Dauphiné, j'ai éprouvé le besoin de m'agenouiller, cette fois devant l'océan sans limite, symbole de l'infini. J'ai prié comme jamais auparavant, et je sais aujourd'hui ce que signifiait cette prière : quitter la solitude de l'individualisme pour devenir consciente de l'unité de tout ce qui est, pour m'agenouiller comme on meurt et pour me relever comme un être impérissable. La terre, le ciel et la mer résonnaient comme dans un vaste univers englobant l'harmonie. Comme si le chœur de tous ceux qui avaient été grands dans cet univers retentissait en moi. Je ne faisais plus qu'un avec eux, et j'ai eu l'impression d'entendre leurs paroles

de bienvenue : « Toi aussi tu appartiens à la compagnie de ceux qui ont triomphé. »

Citation de Malwida von Meysenbug
dans *La conscience cosmique* de Richard M. Bucke

Tout être qui reçoit une telle illumination voit le monde avec un regard neuf et dans une perspective pure et sacrée. De grands pouvoirs – suscités par la présence de principes plus élevés considérés autrefois comme inatteignables – sont reconnus comme des droits naturels, voire universels. Telles les ondulations qui irradient au milieu d'un étang où l'on a jeté une pierre, la force engendrée par cette nouvelle perception – et la certitude de découvrir ce qui a *toujours* été une possibilité supérieure – engendre une nouvelle réalité. Tout est changé, pour toujours.

Bien que différents en envergure, ces moments, mineurs ou capitaux, peuvent apparaître dans la vie de tout individu, mais les changements majeurs qu'ils annoncent passent en grande partie inaperçus de leur entourage – sauf peut-être de leur famille et de leur cercle d'amis proches – dont l'existence finit par être secouée par l'impact de cet éveil.

Quoi qu'il en soit, chaque période de l'histoire est témoin du surgissement d'idées propres à changer les règles du jeu. C'est l'avènement d'une pensée nouvelle et unique dont l'apparition peut transformer la conscience du monde lui-même. Bien sûr, ce type de révélation surgit dans *tous* les secteurs de l'activité humaine. Tout comme les gouttes de pluie nourrissent nos fleuves et nos rivières, les idées nouvelles nourrissent et permettent l'épanouissement des sciences, des arts et de l'humanité. Oui, tout ce qui découle de ces idées coule d'un immense océan invisible : la connaissance de soi. Dans son livre *Walden ou La vie dans les bois*, Henry David Thoreau décrit ainsi sa découverte :

> Les hommes croient que la Vérité est aux confins du système, derrière la plus lointaine étoile, avant Adam et après le dernier homme. Il y a sans aucun doute, dans l'éternité, quelque chose d'authentique et de sublime, mais tous ces lieux, époques et possibilités sont maintenant et ici. Dieu Lui-même est au sommet du moment présent et Sa divinité ne sera jamais plus divine dans les temps à venir.

Chaque vérité qui a été découverte – et chaque nouvelle lumière qui brillera – existe déjà dans notre conscience. *Tout ce que nous apprendrons et partagerons sur l'amour, l'humilité, la compassion et le sacrifice – et les secrets qui se révéleront à nous et résoudront nos vieux problèmes – nous attend à l'intérieur de nous-mêmes.* C'est dans cette vérité que se cache une formidable promesse pour l'individu et pour la race humaine.

Dans ce livre, j'appelle *semences de feu* ces idées intemporelles qui nous enflamment et nous incitent à nous souvenir de notre héritage spirituel oublié. Un minuscule grain de moutarde porte en lui un grand vin ; les branches et les fruits, tout comme les grandes idées, portent en eux un pouvoir en trois temps, qui éclate dès qu'il tombe dans un sol fertile. Ces trois temps sont les suivants :

1. Le discernement : la faculté de séparer le vrai du faux.
2. L'intention : la volonté d'agir en conséquence et de clarifier nos découvertes.
3. L'illumination : l'accomplissement d'un nouvel ordre destiné à nous libérer de l'esclavage induit par nos propres limites.

Illustrons ce propos par un exemple démontrant que ces étapes sont présentes chaque fois que nous découvrons une nouvelle vérité à propos de nous-mêmes. Il est évident que nous avons tous connu et expérimenté l'un ou l'autre des événements suivants, sous une forme ou une autre.

Un jour, dans la misère affective engendrée par une relation sentimentale où elle est victime de maltraitance, une femme comprend soudain qu'elle est dans une impasse. Une vérité simple la secoue comme un tremblement de terre : *le comportement de son conjoint ne changera pas* ! À la lumière de cette découverte, elle discerne clairement les faux espoirs auxquels elle s'est accrochée jusque-là ; le fait qu'elle n'ait jamais blâmé son partenaire et qu'elle n'ait jamais tenté de le changer a au moins changé une chose : à présent, elle sait que rester engluée dans cette relation garantit qu'elle restera une victime.

Plus elle décortique cette situation intenable, plus sa détermination s'affermit : en dépit de la peur qu'elle ressent à l'idée de ce qui arrivera si elle quitte cet homme, *elle sait qu'elle doit agir.* Une intention inéluctable est née, qui va transformer des jours sombres en jours éclatants. Cette femme sort de sa misère et se lance dans une nouvelle vie.

Peu de temps après – peut-être devant une tasse de thé, ou assise dans un parc où elle regarde jouer des enfants –, une lumière éclate subitement dans son esprit. Elle se présente sous la forme d'une idée toute simple, mais belle : *On ne peut être ouvert aux autres que lorsqu'on se sent bien et heureux avec soi-même.* Avec cette illumination apparaît, sans qu'elle s'y attende, un nouveau degré de confiance en soi. *Elle sait désormais qu'elle ne sera plus jamais tentée d'accepter autre chose qu'un amour qui ne blesse personne et qui nourrit chacun !*

D'où vient la force de cette sagesse sans compromis annoncée par un nouvel ordre de compassion ? Erwin Schrödinger, brillant physicien du XXe siècle, grand mystique, Prix Nobel de physique, nous offre une réponse surprenante – une *semence de feu* éclatante de promesses :

> Il est impossible que cette unité de connaissance, de sentiment et de choix que vous considérez comme vôtre ait surgi du néant il y a peu de temps, à un moment donné, car cette connaissance, ce sentiment et ce choix sont, essentiellement, éternels, immuables et numériquement un chez tous les êtres humains, plus particulièrement chez tous les êtres sensibles. Mais elle n'existe pas au sens où vous êtes un élément, un fragment d'être éternel, infini, ou un aspect, une modification de cet être, comme dans le panthéisme de Spinoza. Car on pourrait alors se poser la même question troublante : quel fragment, quel aspect de cet être est vous ? Qu'est-ce qui le différencie objectivement des autres ? Non, aussi inconcevable que cela puisse paraître pour la raison ordinaire, vous – et

> tous les êtres conscients – êtes tout dans tout. Votre vie n'est pas seulement un fragment de l'existence dans son ensemble, elle est, en un certain sens, le TOUT, mais ce tout n'est pas constitué de telle manière qu'il puisse être découvert d'un simple coup d'œil.
>
> ERWIN SCHRÖDINGER, *Ma conception du monde*

Qui peut lire de telles pensées sans ressentir la profondeur et la vastitude de la révélation qui les sous-tendent ? Cette communion intime – ce partage soudain d'une luminescence éternelle – est l'un des signes distinctifs de toute *semence de feu.* Des idées qui remuent ainsi l'âme nous rappellent notre noblesse enfouie et illuminent les cieux des temps révolus comme des étoiles dans une nuit sans lune. Et dans cette lumière lointaine, nous ne lisons pas seulement l'histoire de nos possibilités, mais nous prenons également conscience de cette grandeur intérieure qui nous attend *maintenant.* Autrement dit, quels que soient le moment et le lieu où ces vérités apparaissent, leur effet est toujours le même. Grâce à ce contact, le dormeur en nous se réveille et le sens de notre vie prend une toute nouvelle ampleur.

Une sorte de naissance spirituelle apparaît quand notre conscience s'éveille. Une connaissance *se déploie* en nous à ce moment précis ; nous avons le sentiment distinct qu'en nous se cache une perle de grand prix. Bien qu'elle soit ténue, nous percevons la possibilité d'une vie incommensurable, voire divine, dont les promesses sont en quelque sorte semblables à celles que nous possédons déjà. Avec la révélation de ces promesses surgissent immanquablement de nouvelles aspirations.

Imaginez un être qui a passé toute sa vie seul sur une petite île. En raison de cette condition de vie précaire, il ne sait pas que quelqu'un *comme lui* existe.

Mais un jour, alors qu'il explore la partie la plus lointaine de l'île, il s'arrête net au tournant d'un rocher. Devant lui, s'étendant au loin – et de l'autre côté, là où la marée n'a pas tout effacé –, il découvre des traces de pas dans le sable !

Suffoqué par cette découverte, ses pensées se figent. Il *sait* que ce n'est pas lui qui a fait ces marques, puisque ses traces de pas sont derrière lui et rejoignent les autres. Lentement, la vérité lui apparaît, une vérité inconcevable : bien que la forme de ces étranges empreintes soient similaires aux siennes, elles sont plus larges et plus profondes.

Comme quelqu'un qui sort brutalement d'un rêve, l'esprit de cet homme lutte pour essayer de découvrir ce qui est réel et ce qui ne l'est pas ; mais même alors, il est conscient d'une chose : *il n'est pas seul* ! Un événement inéluctable vient de se produire, qui ne peut être effacé. Dès lors, à la fois effrayé et fasciné par sa découverte, il se met à chercher inlassablement celui ou celle qui a laissé ses traces de pas sur le sable. *Quand le dormeur s'éveille, la quête commence.*

Lorsque, dans notre exploration de la vie, nous rencontrons sur notre route quelques *semences de feu* – soit une nouvelle pensée ou une nouvelle idée qui nous éveille à une partie de nous-mêmes que nous ne connaissions pas un instant plus tôt –, nous comprenons, comme la personne dont je viens de raconter l'histoire, que *nous ne sommes pas seuls.* Ces moments-là, souvent déconcertants, mettent deux éléments en évidence.

Tout d'abord, ce quelqu'un du dehors, ce quelqu'un dans les pas duquel nous avons trébuché nous connaît mieux que nous ne nous connaissons nous-mêmes, car il nous a éveillés à une vérité sur notre personne que nous ignorions un instant plus tôt. En plongeant dans ce qui est manifestement un niveau plus élevé de conscience, nous recevons un présent qui défie toute description : la certitude que vit déjà en nous un être doté d'une sagesse éternelle qui est beaucoup plus *nous* que tout ce que nous aurions pu imaginer à notre propos. Mais cette découverte, aussi extraordinaire soit-elle, n'est qu'un des diamants à découvrir tout au long de notre cheminement. Bien que ce trésor de la connaissance de soi soit incommensurable, voici ce que nous savons déjà sur cette nature éternelle :

Cette nouvelle connaissance de soi que nous cherchons *fait déjà partie de notre quête* ; elle est en nous. En outre, *c'est le Sacré lui-même qui commence secrètement cette recherche* ! Il n'existe qu'un Moi éternel divisé en trois parties : « La quête, la recherche, le sacré ».

Ce livre offre aux lecteurs un recueil de citations spirituelles universelles – celles que l'auteur chérit tout particulièrement et qu'il a rassemblées au cours des trente-cinq dernières années. Elles sont divisées en trois catégories distinctes, dans lesquelles elles sont présentées de façon chronologique – des plus anciennes aux plus récentes. Cette sélection représente autant ce que l'auteur souhaite communiquer que ce qu'elles expriment par elles-mêmes.

Un recueil de quelques centaines de pensées s'étendant à travers une vaste étendue de temps et d'espace – tout un monde exprimé par tant de voix différentes – peut-il raconter une histoire cohérente ?

La réponse est un « oui » catégorique, mais à la condition que ces *semences de feu* soient prises pour ce qu'elles sont : le reflet de l'esprit divin dont elles irradient comme la lumière du soleil se reflétant sur des milliers de diamants dansant sur la mer.

Première partie

La quête

Chapitre un

Dans chaque semence, une aspiration invisible

Une idée très ancienne nous vient, dit-on, des premiers Pères chrétiens du désert. En neuf mots concis, cette idée résume une vérité concernant la nature humaine que d'innombrables volumes n'auraient pu exprimer de façon plus limpide : « Les poissons nagent, les oiseaux volent, l'homme prie. »

Autrement dit, il est dans la nature du poisson d'évoluer dans les eaux et dans celle des oiseaux de fendre les airs. C'est leur domaine. La mer et le ciel, en conséquence, sont l'univers de leurs origines, c'est à eux qu'ils appartiennent, c'est le lieu dans lequel ils sont libres. Où est notre véritable domaine, à nous les êtres humains ? Quelle est la nature de cet endroit où notre être originel ne fait qu'un avec notre désir d'explorer ses possibilités les plus profondes, et où la découverte des trésors qu'il renferme correspond à nos objectifs de vie ? Quel est ce monde où *notre* nature essentielle et son droit d'y vivre libre ne font qu'un ?

Jetons un bref regard sur cette destination secrète dans les vers emplis de spiritualité du grand poème de Walt Whitman *Feuilles d'herbe* :

> Voulez-vous sonder les profondeurs de l'océan agité qu'est le monde ?
> Voulez-vous savoir ce qu'est l'insatisfaction ?
> L'urgence et l'aiguillon qui animent chaque existence ?
> Cette pulsion qui ne s'apaise jamais ? Qui ne disparaît jamais ?
> Ce besoin secret dans chaque semence,
> C'est l'urgence centrale qui gît au cœur de chaque atome [...]
> qui veut retourner à sa source et à son origine divine,
> aussi lointaine soit-elle.

Dans le premier de ces vers, une question vitale nous est posée : une partie de nous-mêmes aspire-t-elle, a-t-elle la volonté de chercher ce qui se cache sous la surface profondément enfouie de notre Moi ? Si la réponse est « oui », Walt Whitman nous annonce que ce qui nous attend est un lieu extraordinaire : cette terre inconnue de notre Moi le plus secret. Puis il nous pose cette question : avons-nous la volonté de partager une création sans cesse renouvelée – d'incarner ce qu'il nomme le « besoin secret de chaque semence » ? Ensuite, à tous ceux qui affirment leur désir de boire à la coupe de vie éternelle, il verse son élixir de vie. Nous apprenons ainsi pourquoi les chercheurs de tous les âges ont toujours ressenti « cette urgence fondamentale » de fusionner avec la partie la plus élevée de leur Moi : *nous sommes appelés à retourner à notre source et à notre origine divines.*

Il est parfois difficile de *voir*, au début – comme il est difficile de voir une perle balayée sur la grève et blottie dans un nid de petits galets –, mais l'on finit par découvrir, cachée dans cette dernière idée, une vérité spirituelle merveilleuse : ceux qui entendent l'appel – qui ont faim et soif de droiture et de vérité – *ne sont pas seuls* dans cette quête qui va leur permettre de se trouver. Un simple exemple le prouve.

Un enfant qui joue dans un jardin ne voit pas le parent inquiet qui l'appelle de la maison : « Il est tard, il est temps de rentrer ! » Pourtant, même un tout petit enfant comprend que, même si son parent n'est pas visible, il est présent : *ce que l'on ne voit pas n'est pas irréel.* Gardons cette vérité à l'esprit. Suivons la logique des idées qui vont suivre. Nos patients efforts en vue de les comprendre nous ouvriront les yeux à la lumière du nouvel espoir caché dans ces choses invisibles.

Aucun besoin naturel n'existe sans qu'existe ce qui a été créé pour le satisfaire. Une créature n'aurait pas soif *si l'eau n'existait pas avant son besoin même de se désaltérer.* Ce désir que nous avons – que ce soit d'un verre d'eau ou de nous « connecter » avec un monde supérieur – prouve l'existence des *deux* parties. Il y a d'abord cette partie de nous qui ressent un besoin, et il y a, par nécessité, une entité en dehors de nous qui agit pour le satisfaire. Aussi paradoxal que cela puisse paraître, si nous ressentons le désir de nous rapprocher du Divin, c'est parce que le Divin *nous appelle* ! Essayons maintenant, grâce à quelques exemples qui nous concernent tous, de voir comment s'exprime ce besoin céleste.

D'où provient notre désir d'aimer une personne ? N'est-il pas engendré par le jaillissement d'une force intérieure qui nous pousse à explorer la partie la plus profonde de nous-mêmes ? Lorsque nous ressentons le désir d'aimer, lorsque nous disons à quelqu'un : « Tu me complètes », cela ne veut-il pas dire, en réalité : « Auprès de toi, j'ai découvert une partie de moi-même dont j'ignorais l'existence, car *tu m'as aidé à découvrir qui je suis réellement* ».

Peut-être avons-nous le besoin de peindre, d'écrire des poèmes, d'escalader une montagne, de devenir chef cuisinier… Quelle que soit la nature de ce besoin, nous sommes emplis du désir de le satisfaire pour la même raison que celle qui nous anime lorsque nous sommes en quête d'amour. Quelque chose en nous sait que c'est par le truchement de cette relation que nous découvrirons, que nous connaîtrons ; que nous nous éveillerons à nos possibilités supérieures.

C. S. Lewis, essayiste et apologiste chrétien, exprime parfaitement cette découverte essentielle :

> Toutes ces choses qui ont toujours occupé votre âme n'ont été que des reflets – visions attrayantes, promesses rarement tenues, échos qui meurent en arrivant à l'oreille. Mais si un jour elles se manifestent vraiment – si vous arrive un écho qui ne meurt pas mais se gonfle pour devenir le son lui-même – vous le saurez. Au-delà de toute tentation de douter, vous direz : « Voici enfin ce pour quoi je suis fait. » Nous ne pouvons partager cela avec d'autres. C'est la signature secrète de chaque âme, le désir incommunicable et inépuisable – ce que nous désirons avant même de

prendre femme, d'avoir des amis, de choisir un travail ; ce que nous désirerons encore sur notre lit de mort, quand notre esprit ne connaîtra plus ni femme, ni ami, ni travail.

C. S. Lewis, *Le problème de la souffrance*

Le besoin de ce qui pourrait être et de ce vers quoi nous sommes attirés, *c'est la présence, en nous, de cette vérité qui doit s'incarner.* Ce qui signifie qu'en dépit du fait que l'étoile qui nous guide nous semble bien lointaine, en dépit du fait que nous nous sentons isolés dans ce voyage vers la lumière, les vérités supérieures que nous apprenons nous affirment que ***nous ne sommes pas seuls.*** Plus important encore : comme un morceau de métal *doit se précipiter* vers l'aimant qui l'attire, nous serons nous aussi attirés vers le Divin. Et nous répondrons à son appel.

Dans cette première partie, vous prendrez connaissance de pensées et de réflexions profondes de penseurs inspirés. Peut-être reconnaîtrez-vous certains noms ; et vous serez heureux d'en découvrir d'autres. Et tandis que vous cheminerez avec eux, partageant leurs découvertes et leurs découragements, un sentiment deviendra de plus en plus clair : l'Esprit qui les a appelés, qui a éveillé leur cœur et aiguisé leur esprit afin qu'ils aient des yeux pour voir et des oreilles pour entendre est ce même Esprit qui vous appelle, vous. Ces penseurs ont rencontré, comme vous le ferez, la vérité qui rend libre : *Il n'y a qu'une quête, qu'une recherche, qu'une intelligence sacrée pour vous éveiller à son appel.*

Chapitre deux

Des maîtres parlent de la quête…

La sagesse est plus douce que le miel ; elle apporte plus de joie que le vin, illumine plus fort que le soleil ; elle est plus précieuse que les joyaux. Grâce à elle, les oreilles entendent et le cœur comprend.

Reine Makeda (1000 av. ère chrétienne, Éthiopie)

[…] Yahvé a répandu sur vous un esprit de torpeur,
il a fermé vos yeux […]

Isaïe (701-681 av. ère chrétienne, Judah)

Si vous persistez à vouloir
Atteindre ce que l'on n'atteint jamais
Si vous persistez à vous efforcer
D'obtenir ce que l'effort ne peut donner ;
Si vous persistez à raisonner
Sur ce qui ne peut être compris,

Vous serez détruit
Par cela même que vous cherchez.

Savoir quand s'arrêter
Savoir quand l'on ne peut aller plus loin
Par ses propres actions,
Là est le vrai commencement !

Lao Tseu (vers 570-490 av. ère chrétienne, Chine)

Celui qui ignore ce qu'il devrait savoir est une bête parmi les hommes ; celui qui ne sait pas plus que ce dont il a le besoin est un homme parmi les bêtes ; et celui qui sait tout ce qui doit être su est un Dieu parmi les hommes.

Pythagore (569-475 av. ère chrétienne, Grèce)

La substance intelligible, si elle est attirée par Dieu, possède un pouvoir sur elle-même [...]. Si elle chute, elle choisit le monde corporel et devient ainsi sujette à la nécessité qui régit le cosmos.

Ioannis Stobaei (500 av. ère chrétienne, Macédoine)

Pensez aux objets des sens
Et vous vous y attacherez ;
Une fois attaché, vous tomberez dans la dépendance ;
Contrariez cette dépendance, elle se muera en colère ;
Une fois en colère, votre esprit deviendra confus ;
Dans cette confusion, vous oublierez les leçons de l'expérience ;

Oubliez l'expérience, et vous perdrez le discernement;
Perdez le discernement, et vous vous priverez de votre seule raison de vivre.

BHAGHAVAD-GÎTÂ (500-200 av. ère chrétienne, Inde)

Dieu a fait les sens tournés vers l'extérieur, l'homme regarde donc vers l'extérieur, non en lui-même. Parfois, un homme audacieux regarde en lui et se trouve lui-même. Quand tous les désirs qui peuplent le cœur se sont évanouis, quand tous les nœuds du cœur sont tranchés net en cette existence même, alors le mortel devient immortel.

KATHA UPANISHAD (IVe siècle av. J.-C., Inde)

Chacun de nous est fait de dix milliers d'états différents et successifs, d'un tas d'unités, d'une foule d'individus.

PLUTARQUE (45-125, Grèce)

C'est que l'esprit de ce peuple s'est épaissi : ils se sont bouché les oreilles, ils ont fermé les yeux, de peur que leurs yeux ne voient, que leurs oreilles n'entendent, que leur esprit ne comprenne [...]

L'ÉVANGILE selon saint Mathieu, Nouveau Testament (55-60)

[...] et il se réjouit avec tous les siens d'avoir cru en Dieu.

ACTES DES APÔTRES, Nouveau Testament (55-5)

Quand nous sommes embarrassés, ou bouleversés, ou affligés, n'en imputons pas la faute à d'autres mais à nous-mêmes [...]. C'est le fait d'une personne ignorante de laisser peser la faute sur ses semblables, d'une personne peu informée de laisser peser la faute sur elle-même, et d'une personne parfaitement informée de ne laisser peser la faute ni sur les autres ni sur elle-même.

Épictète (55-135, Phrygie, Asie mineure)

Or, la foi est la garantie des biens que l'on espère, la preuve des réalités que l'on ne voit pas. Par la foi, vous comprenez que les mondes ont été formés par une parole de Dieu, de sorte que ce que l'on voit provient de ce qui n'est pas apparent.

Épître aux Hébreux, Nouveau Testament (60-100)

Quand vous vous serez connus,
alors vous serez connus
et vous saurez que c'est vous
les fils du Père Vivant.
Mais s'il vous arrive de ne pas vous connaître,
alors vous êtes dans la pauvreté.

Évangile de Thomas (60-140, Égypte)

[...] et vous connaîtrez la vérité et la vérité vous libérera.

L'Évangile selon saint Jean, Nouveau Testament (vers 90)

La charité contient toutes choses, elle est longue souffrance dans toutes choses. Il n'y a rien de méchant dans la charité, rien d'arrogant. La charité ne connaît aucun schisme, aucune rébellion; elle fait toute chose dans la concorde. Dans la charité, tous les élus de Dieu ont été conçus parfaits.

Clément de Rome (Ier siècle, Italie)

Devenez amoureux de la Sagesse et elle vous gardera [...] placez-la autour de vous et elle vous exaltera; honorez-la et elle vous étreindra peut-être...

ORIGÈNE (185-254, Égypte)

Si on ne la met pas en pratique dans ses œuvres, la bonté est insuffisante pour atteindre la béatitude. La piété envers Dieu est en fait le commencement de la connaissance.

DIDYME L'AVEUGLE (313-398, Grèce)

Tu nous as faits pour Toi, Seigneur,
Et notre cœur est sans repos tant qu'il ne demeure pas en Toi.

SAINT AUGUSTIN (354-430, Algérie)

Cette chose dont nous parlons n'a pas été trouvée lors d'une quête, et pourtant seuls la trouvent ceux qui la cherchent.

ABU YAZID AL-BISTAMI (804-874, Bastam, Iran)

Vous et le monde ne faites qu'un. Pourtant, vous ne cessez de penser qu'il existe autre chose.

HSÜEH-FENG HSÜEH-FENG I-TS'UN (822-908, Chine)

Quand tu es dans l'illusion et plein de doute, un millier de livres et d'écrits ne suffit pas. Quand tu arrives à la compréhension, un seul mot est inutile.

FENYANG (947-1024, ancienne Taiwan)

« La route a-t-elle une fin ou pas ? » Il répondit : « La route a une fin, mais les étapes n'en ont pas car le chemin est à deux branches, l'une va vers Dieu, l'autre est en Dieu. »

Attar Farid al-Din (vers 1140-vers 1221, Nishapur, Khorasan)

Ne te chagrine pas dans l'attente.
Ces choses qui n'arrivent pas
Empêchent les désastres de survenir.

Jalal al Din Rumi (1207-1273, Balkh)

Dans mon enfance, j'étais attaché à toutes les pratiques de la dévotion, je me levais au milieu de la nuit, je veillais longtemps, je pratiquais la continence avec beaucoup d'austérité. Je me souviens qu'une certaine nuit je m'assis auprès de mon père et que, tirant l'Alcoran de mon sein, je me mis à le lire avec attention, tandis que toute la famille dormait autour de nous. Je ne pus m'empêcher de faire remarquer à mon père : « Il n'y a pas un de ceux-ci qui se lève pour prier ; tous dorment comme s'ils étaient déjà morts. — Ô mon cher fils, me répondit mon père, au lieu de t'occuper à remarquer les défauts d'autrui, il vaudrait bien mieux que tu dormes toi-même. »

Saadi (1210-1290, Perse)

Nous sommes cause de tous nos obstacles.

Maître Eckhart (1260-vers 1327, Thuringe)

L'humble connaissance de toi-même est un chemin plus sûr vers Dieu que la recherche scientifique la plus acharnée.

Thomas a'Kempis (vers 1380-1471, Allemagne)

Je ris quand j'entends dire que le poisson dans l'eau a soif.
Tu ne vois pas que le réel est dans ta maison
Et que tu erres, l'œil égaré, de cité en cité !

Kabir (1440-1518, Inde)

Mon cœur solitaire n'est qu'argile informe,
Qui de sa matière ne peut se nourrir :
Des bons et fervents travaux Tu es la semence
Qui ne germe que lorsque Tu le veux :
Si Tu ne nous montres pas le vrai chemin
Aucun homme ne le trouvera : « Père, guide-nous. »

Michel-Ange (1475-1564, Caprese, Toscane)

L'homme ne se connaît pas et ne sait comment utiliser ses énergies cachées, pas plus qu'il ne sait qu'il cache en lui les étoiles et qu'il est le microcosme, et porte ainsi en lui le firmament et toute son influence.

Paracelce (1493-1541, Suisse)

Celui qui triomphe par la force ne vainc son ennemi qu'à moitié.

John Milton (1608-1674, Angleterre)

Ah ! Si nous savions que nous n'avons besoin que de la grâce et de l'assistance de Dieu, nous ne Le perdrions jamais de vue – non, pas un seul instant. Croyez-moi, prenez immédiatement la ferme et sainte résolution de ne plus jamais L'oublier et de passer le reste de votre vie dans Sa présence sacrée, vivant humblement pour l'amour de Lui.

Frère Laurence (1611-1691, France)

Il n'y a que trois sortes de personnes :

- Les uns qui servent Dieu l'ayant trouvé,
- Les autres qui s'emploient à le chercher ne l'ayant pas trouvé,
- Les autres qui vivent sans le chercher ni l'avoir trouvé.

Les premiers sont raisonnables et heureux, les derniers sont fous et malheureux, ceux du milieu sont malheureux et raisonnables.

Blaise Pascal (1623-1662, France)

Ne cherchez pas à marcher sur les traces du sage. Essayez plutôt de trouver ce qu'il cherche.

Matsuo Basho (1644-1694, province d'Iga, Japon)

Il est rare de trouver des terres qui ne produisent rien ; si elles ne sont pas chargées de fleurs, d'arbres fruitiers et de grains, elles produisent des ronces et des épines ; il en est de même de l'homme ; s'il n'est pas vertueux, il devient vicieux.

Jean de La Bruyère (1645-1696, France)

[...] mais quand on leur dit de chercher le Dieu intérieur, c'est comme si on leur disait d'aller sur une autre planète. Y a-t-il chose plus lointaine et inconnue que le fond de votre cœur ?

Fénelon (1651-1715, France)

On peut dire que la plus grande partie de l'humanité sommeille, et que ce mode de vie qui s'est emparé de leur esprit, leurs pensées et leurs actions pourrait très bien s'appeler leur rêve personnel. Ce degré de vanité est également visible dans toute forme et tout ordre de la vie. L'instruit et l'ignorant, le riche et le pauvre sont tous dans le même état de torpeur.

William Law (1686-1761, Angleterre)

La seule condition au triomphe du mal, c'est l'inaction des gens de bien.

Edmund Burke (1729-1797, Irlande)

Nous n'adorons pas le Grand Esprit comme le fait l'homme blanc, mais nous croyons que les formes d'adoration importent peu au Grand Esprit ; ce qui lui plaît est l'offrande d'un cœur sincère, et c'est ainsi que nous l'adorons. Nous ne voulons pas détruire votre religion, ni vous la prendre. Nous voulons simplement jouir de la nôtre.

Chef Sa-go-ye-wat-ha, dit Red Jacket (1750-1830, États-Unis)

L'oiseau ne vole jamais trop haut qui vole de ses propres ailes.

William Blake (1757-1827, Angleterre)

L'homme valeureux n'est pas celui qui ne ressent pas la peur – cela serait stupide et irrationnel –, mais celui dont l'âme noble lui permet de vaincre la peur et de braver le danger qui le terrifie.

JOANNA BAILLIE (1762-1851, Écosse)

Le but de l'éducation devrait être de convertir l'esprit en fontaine vivante, non en réservoir. Car ce que l'on remplit en pompant se videra par la même occasion.

JOHN M. MASON (1770-1829, États-Unis)

L'homme qui sera
Devra régner sur l'empire de lui-même,
En être le souverain, établir son règne
Sur la volonté surmontée; réprimer l'anarchie
Des espoirs et des peurs; être seul en lui-même.

PERCY BYSSHE SHELLEY (1792-1822, Angleterre)

Chercher n'est pas toujours le moyen de trouver.

JULIUS HARE (1795-1855, Italie)

Ô toi qui te languis dans la prison du Temporel et supplies amèrement les dieux qu'ils te donnent un royaume où régner et créer, imprègne-toi de cette vérité: ce que tu cherches est déjà ici: « ici ou nulle part », selon ce que tu vois.

THOMAS CARLYLE (1795-1881, Écosse)

Nous ne savons pas encore qui nous sommes, mais nous savons que nous sommes beaucoup plus que cela.

Ralph Waldo Emerson (1803-1882, États-Unis)

Vouloir ce que veut Dieu est la seule science qui nous donne le repos.

Henry Wadsworth Longfellow (1807-1882, États-Unis)

L'amour n'est pas un art comme la poésie, accessible seulement à ceux qui sont doués, il est ouvert et accessible à tous.

Søren Kierkegaard (1813-1855, Danemark)

Si vous avez bâti des châteaux dans les airs, votre travail n'est pas perdu: c'est là qu'ils doivent être. Maintenant, creusez les fondations.

Henry David Thoreau (1817-1862, États-Unis)

Quel confort, quelle force, quelle économie il y a dans l'ordre: l'ordre matériel, l'ordre intellectuel, l'ordre moral. Savoir où l'on va et ce que l'on souhaite: c'est de l'ordre; tenir sa parole et ses engagements: encore de l'ordre; avoir toute chose prête sous la main, pouvoir disposer de toutes ses forces et avoir tous ses moyens, quels qu'ils soient, à sa disposition: toujours de l'ordre; discipliner ses habitudes, ses efforts, ses désirs; organiser sa vie, distribuer son temps, évaluer ses devoirs et faire respecter ses droits; employer son capital et ses ressources, son talent et ses chances avec profit, tout cela est inclus dans le mot « ordre » et en fait partie. L'ordre signifie lumière et paix, liberté intérieure et libre disposition de soi-même; l'ordre est pouvoir.

Henri Amiel (1821-1881, Suisse)

L'homme qui ne cherche qu'une seule chose dans la vie
La trouvera sans doute avant que sa vie ne s'achève ;
Mais celui qui cherche toutes choses, où qu'il aille,
Ne moissonnera, dans les espoirs qu'il sème autour de lui,
Qu'une récolte de stériles regrets.

Robert Bulwer-Lytton (1831-1891, Angleterre)

« Qui êtes-vous ? » demanda le ver à soie.

Ce n'était pas un début de conversation très encourageant. Alice répondit, avec timidité : « Je... Je n'en sais trop rien pour l'instant, monsieur... en fait je sais qui j'étais quand je me suis levée ce matin, mais je crois que j'ai dû me transformer plusieurs fois depuis. »

Lewis Carroll (1832-1898, Angleterre)

Les plus grandes œuvres sont faites par des individus. Les collectivités ne peuvent pas grand-chose. Ce sont les unités, les simples individus qui ont le pouvoir et la volonté. C'est l'effort individuel qui est, d'abord et avant tout, le grand accomplissement.

Charles Haddon Spurgeon (1834-1892, Angleterre)

La « résurrection » ne concerne pas ceux que l'on appelle les morts, elle concerne les vivants qui sont « morts » dans le sens où ils ne sont jamais entrés dans la vraie vie.

Richard Maurice Bucke (1837-1902, Canada)

L'attrait de la difficulté et de ce qui est distant est illusoire. Les plus grandes possibilités se trouvent là où l'on est.

John Burroughs (1837-1921, États-Unis)

Il n'y a pas de règles ici. Nous essayons simplement d'accomplir quelque chose.

Thomas Edison (1847-1931, États-Unis)

Un credo pour ceux qui ont souffert :
J'ai demandé à Dieu la force d'agir...
J'ai reçu l'humilité pour apprendre l'obéissance.
J'ai demandé la santé pour accomplir de grandes choses...
J'ai reçu l'infirmité pour en faire de meilleures.

J'ai demandé la richesse pour être heureux...
J'ai reçu la pauvreté pour devenir sage.

J'ai demandé le pouvoir pour être admiré des hommes...
J'ai reçu la faiblesse pour avoir besoin de Dieu.

J'ai demandé tout cela pour jouir de la vie...
J'ai reçu la vie pour jouir de tout.
Je n'ai rien reçu de ce que j'ai demandé...
Mais j'ai tout ce que j'espérais.

Presque en dépit de moi-même, mes prières muettes ont été exaucées.
Je suis béni parmi les hommes.

Soldat confédéré inconnu (vers 1862, États-Unis)

C'est seulement lorsque tout échoue, même l'amour, que l'homme s'éveille et découvre combien ce monde est vain et illusoire. Puis il jette un regard [...] sur l'au-delà. Ce n'est qu'en abandonnant ce monde illusoire au profit de l'autre que l'on arrive à ne plus s'y accrocher.

VIVEKANANDA (1863-1902, Inde)

La religion est la première et la dernière aspiration, et tant qu'un homme n'a pas trouvé Dieu et été trouvé par Dieu, il commence sans commencement, il travaille sans but.

H. G. WELLS (1866-1946, Angleterre)

Le seul véritable voyage n'est pas d'aller vers d'autres paysages, mais d'avoir d'autres yeux.

MARCEL PROUST (1871-1922, France)

Celui qui s'est débarrassé de la maladie du « demain » a une chance d'accomplir ce pour quoi il est sur cette terre.

GEORGE GURDJIEFF (vers 1872-1949, région du Caucase)

Pour un être humain, aimer un autre être humain est peut-être la tâche la plus difficile qui lui ait été confiée, la tâche ultime, l'épreuve finale et la preuve, le travail pour lequel toutes les autres tâches ne sont que simples préparations.

RAINER MARIA RILKE (1875-1926, République tchèque)

Le Christ n'aurait jamais fait l'impression qu'Il a faite sur Ses disciples s'Il n'avait pas éveillé quelque chose de vivant et d'actif dans leur inconscient.

La chrétienté ne se serait jamais répandue dans le monde païen avec une rapidité aussi stupéfiante si Ses idées n'avaient pas trouvé une attitude psychique prête à les recevoir. C'est ce fait qui permet aussi de dire que quiconque croit en Christ n'est pas seulement partie de Lui, mais que le Christ est dans le croyant comme l'homme parfait façonné à l'image de Dieu.

Carl Jung (1875-1961, Suisse)

L'homme n'a pas de « Je » constant et permanent. Chaque pensée, chaque émotion, chaque désir, chaque sensation dit : « Je ». Son Je est différent selon le moment. À l'instant, c'était une pensée, maintenant c'est un désir, puis une sensation, ensuite une autre pensée, et ainsi de suite, continuellement. L'homme est une pluralité. Le nom de l'homme est légion.

Piotr Ouspensky (1878-1947, Russie)

Il n'y a pas de plus grand mystère que celui-ci : nous nous obstinons à chercher la Réalité alors que nous sommes la Réalité. Nous pensons que quelque chose cache notre Réalité et que cette chose doit être détruite pour obtenir cette même Réalité. C'est absurde !

Ramana Maharshi (1879-1950, Tiruchuzi, Tamil Nadu)

L'être humain fait partie du tout que nous appelons « univers ». Une partie limitée dans le temps et l'espace. L'homme expérimente ses propres pensées et émotions comme des éléments séparés du reste ; une sorte d'illusion d'optique de la conscience. Cette illusion est une prison qui nous restreint à nos désirs personnels et à l'affection de quelques proches. Notre tâche doit être de nous évader de cette prison en étendant notre cercle de compassion pour englober toutes les créatures vivantes et la nature dans toute sa beauté.

Albert Einstein (1879-1955, Allemagne)

J'ai le désir d'accomplir une grande et noble tâche; mais mon devoir primordial est d'accomplir de petites tâches comme si elles étaient grandes et nobles.

Helen Keller (1880-1968, États-Unis)

Les choses les plus belles et les plus extraordinaires ne peuvent être vues, ni même touchées, il faut les sentir avec le cœur.

Helen Keller (1880-1968, États-Unis)

Pour capter un peu plus de l'Énergie créatrice, il développe inlassablement sa pensée; il dilate son cœur; il intensifie son activité extérieure. Car la créature doit travailler si elle veut être créée davantage.

Teilhard de Chardin (1881-1955, France)

Votre souffrance est l'éclatement de la coquille qui contient votre entendement.

Khalil Gibran (1883-1931, Liban)

Je me suis dit que l'unité de l'être pouvait être atteinte à l'intérieur de l'état de conscience ordinaire. Autrement dit, je croyais qu'un changement radical de l'être pouvait se produire grâce à de simples ajustements. C'est probablement ce que nous pensons pour la plupart, car nous ne comprenons pas que, pour changer quoi que ce soit en nous-mêmes, tout le reste doit changer, et qu'en tentant de ne changer qu'une chose nous obtenons des résultats approximatifs qui nous égarent. Le changement de l'être n'est pas un processus multiple.

MAURICE NICOLL (1884-1953, Écosse)

Toute pensée, toute révélation, toute illumination, tout amour, tout ce qui est authentique, tout ce qui est réel est présent – et dans la tentative de créer ce présent nous nous rapprochons de l'intérieur de l'enceinte, la partie la plus sacrée de l'existence. Car toutes choses tendent un jour à l'achèvement, alors qu'elles sont déjà accomplies.

MAURICE NICOLL (1884-1953, Écosse)

Curieux phénomène que de voir des hommes accepter de mourir pour la liberté du monde sans être prêts à faire le plus petit sacrifice pour se libérer de leur propre esclavage.

BRUCE BARTON (1886-1967, États-Unis)

L'amour entre les êtres jaillit du désir de se libérer d'un monde qui n'est pas le leur; chaque communion véritable entre deux êtres repose sur une découverte et une reconnaissance mutuelles : chaque passion est un désir fervent de liberté, car c'est l'abandon de l'individualité qui seul permet d'être en vie.

GERALD BULLETT (1893-1958, Angleterre)

Le bonheur ne survient pas parce qu'on le cherche; c'est un sous-produit; il se manifeste là où la bonté est présente, et l'amour, là où l'ambition est inexistante, là où l'esprit recherche paisiblement la vérité.

J. KRISHNAMURTI (1895-1986, Inde)

On doit rechercher le chemin le plus court et les moyens les plus rapides de rentrer chez soi – transformer l'étincelle en brasier, se fondre en lui et s'identifier à ce brasier que l'étincelle a allumé.

NITYANANDA (1896-1961, Inde)

Nous avons tous vécu des expériences que nous n'avons pas été capables d'expliquer : une sensation soudaine de solitude, ou un sentiment d'émerveillement, de respect mêlé de crainte devant la vastitude universelle. Nous avons aperçu une lumière fugitive, une illumination venue d'un autre soleil, qui nous a apporté, en un éclair, l'assurance que nous venons d'un autre monde, que notre origine est divine.

W. TOZER (1897-1963, États-Unis)

La vie sur cette terre est menacée non par l'échec de l'homme à aimer ses semblables, mais par son incapacité d'aimer tout court. L'amour non contaminé par l'égoïsme est ce qu'il y a de plus rare parmi tout ce qui est rare.

J. G. BENNETT (1897-1974, Angleterre)

Si nous regardons la masse des êtres, nous sommes amenés à croire à la fatalité. Cela s'applique à ces gens ; ils sont conditionnés par leur environnement, ils luttent comme des animaux pour survivre, précisément parce qu'ils ne sont pas très loin eux-mêmes du règne animal [...]. Ils réagissent comme des automates [...]. Ils bougent comme des marionnettes manipulées par les instincts aveugles et universels de la nature. Mais cela n'est pas la fin de l'histoire, ce n'en est que le commencement. Car ici et là, un homme sort parfois du troupeau et devient un individu qui se façonne de façon créative et se transforme en être humain à part entière. Pour lui, chaque jour est une expérience nouvelle, chaque expérience est unique, chaque lendemain n'est plus le legs inévitable et prévisible du passé. En secouant les chaînes de l'esclavage de l'animalité et de la fatalité, il a acquis son humanité entière et libéré sa créativité.

Paul Brunton (1898-1981, Angleterre)

Pour tous ceux qui se battent, qui n'utilisent que des forces incertaines, des énergies inconnues, il y a des richesses non encore rassemblées, des harmonies non encore perçues, des couronnes non encore portées et, oui, un paradis non encore révélé.

Mary E. Brain (1898-date inconnue, États-Unis)

Il marque le temps, et il vit et meurt comme l'une de ces choses qu'il produit par milliers. Il pense à Dieu au lieu de faire l'expérience de Dieu.

Erich Fromm (1900-1980, Allemagne)

Je pense que ce que nous recherchons, c'est la certitude d'être en vie, et il est évident que nos expériences purement physiques ont une résonance sur notre être intérieur et notre réalité. C'est pour cela que nous ressentons le ravissement d'être en vie.

Joseph Campbell (1904-1987, États-Unis)

Nous recherchons ce que nous pourrions appeler une omnipotence relative : le pouvoir d'obtenir tout ce que nous voulons, de jouir de tout ce que nous désirons, d'exiger que tous nos souhaits soient exaucés et que notre volonté ne soit jamais contrariée ou entravée. C'est le besoin de voir nos semblables s'incliner devant notre jugement et accepter nos déclarations comme autant de lois ; c'est la soif insatiable d'une reconnaissance de cette excellence que nous voulons désespérément trouver en nous-mêmes afin de ne pas tomber dans le désespoir. Cette déclaration d'omnipotence, qui est notre secret le plus intime et notre honte la plus profonde, est la source de tous nos chagrins, de tous nos malheurs, de toutes nos insatisfactions, de toutes nos erreurs et de toutes nos illusions.

Thomas Merton (1915-1968, France)

La mort n'est pas la plus grande perte en cette vie. La plus grande perte est ce qui meurt en nous quand nous sommes en vie.

Norman Cousins (1915-1990, États-Unis)

Qui peut nous garantir que nos cinq sens couvrent l'entièreté de notre existence ? Ils couvrent simplement nos expériences actuelles, notre connaissance humaine des faits et des événements. Il y a un écart entre les doigts ; il y a un écart entre les sens. Dans ces écarts gît l'obscurité qui nous cache le lien entre les choses [...], cette obscurité qui est la source de nos peurs et de notre anxiété, mais qui est aussi la demeure des dieux. Eux seuls voient les liens, la pertinence absolue de tout ce qui survient ; de ces choses qui se présentent à nous en morceaux, en fragments – ces « accidents » qui n'existent que dans notre tête et nos perceptions limitées.

Idris Parry (1916-2008, Pays de Galles)

Si vous cherchez la vérité, vous devez tenir compte des deux côtés de la médaille.

Walter Cronkite (1916-2009, États-Unis)

Toutes vos pensées apparaissent dans votre conscience comme un spectacle. C'est comme cela que fonctionne la pensée pour exhiber son contenu : comme un spectacle issu de l'imagination. En conséquence, si vous pensez que l'observateur est séparé de ce qui est observé, ils apparaîtront dans votre conscience comme deux entités différentes. Le fait est que les mots sembleront provenir de l'observateur qui sait et qui voit. Dès lors, les mots seront vérité, description de la vérité. C'est là qu'est l'illusion.

DAVID BOHM (1917-1992, États-Unis)

La seule attitude saine à adopter en ce monde est de le laisser se débattre avec ses problèmes. Mais on ne peut le faire qu'après avoir compris clairement que le monde *préfère* lutter péniblement contre ses problèmes, sans jamais chercher vraiment de solutions.

VERNON HOWARD (1918-1992, États-Unis)

La résistance à l'agitation est de l'agitation.

VERNON HOWARD (1918-1992, États-Unis)

L'œil clair de l'enfant est très vite voilé par des idées et des opinions, des préconceptions et des abstractions. Ainsi, les êtres simples et libres se trouvent paralysés dans l'armure pesante de l'ego. Ce n'est que des années plus tard que l'instinct permet de découvrir qu'un sens vital du mystère a été subtilisé. Le soleil brille à travers les pins, le cœur est transpercé par une réalité soudaine et une étrange douleur – comme un souvenir du paradis. Après ce jour [...], c'est là que commence notre quête.

PETER MATTHIESSEN (1927, États-Unis)

Un individu ne commence à vivre que lorsqu'il s'élève au-dessus des limites étroites de ses préoccupations individuelles pour se préoccuper des problèmes plus vastes de toute l'humanité.

MARTIN LUTHER KING (1929-1968, États-Unis)

Même s'ils l'ignorent, la plupart des gens sont endormis. Ils sont nés endormis, ils vivent endormis, ils se marient dans leur sommeil, ils élèvent leurs enfants en dormant, ils meurent sans se réveiller. Ils ne comprennent jamais le charme et la beauté de ce que nous appelons l'existence humaine. Vous savez, tous les mystiques – catholiques, chrétiens, non chrétiens (quelles que soient leur théologie et leur religion) – sont unanimes sur ce point : tout est bien, tout est bien. Bien que tout soit désordonné, tout est bien. Étrange paradoxe, j'en conviens. Mais, tragiquement, la plupart des gens ne voient jamais que tout est bien, car ils dorment. En fait, ils font un cauchemar.

ANTHONY DE MELLO (1931-1987, Inde)

Nous sommes mystiques. Autrement dit, nos racines sont en fait religieuses et artistiques, et en conséquence non rationnelles, ou plutôt supra rationnelles. Aussitôt que nos besoins matériels sont satisfaits, des besoins plus profonds font valoir leurs droits. Il y a maintenant vingt siècles que Jésus a déclaré : « L'homme ne vit pas seulement de pain », et nous savons aujourd'hui que le traitement psychanalytique le plus efficace ne peut nous guérir d'un profond sentiment d'insécurité. [...] Les Pères de l'Église chrétienne, pour qui la prière était aussi naturelle que la respiration, ont découvert cette vérité avant nous, et ont dit : « Les oiseaux volent, les poissons nagent, l'homme prie. » Les auteurs spirituels de l'islam ont exprimé plus tard la même idée, disant que le premier cri du nouveau-né et le dernier soupir du mourant proclament le nom divin.

JEAN-CLAUDE BARREAU (1933, France)

Puisse le soleil vous apporter le jour une énergie nouvelle.
Puisse la lune vous aider la nuit à trouver le repos.
Puisse la pluie laver vos soucis.
Puisse la brise souffler en vous une force neuve.
Puissiez-vous cheminer lentement à travers le monde pour découvrir
sa beauté tous les jours de votre vie.

PRIÈRE APACHE

Deuxième partie

La recherche

Chapitre trois

Tout le monde cherche quelque chose

C'est de cela que sont faits les beaux rêves…
Qui suis-je pour m'insurger ?
Je visite le monde et les sept mers
Tout le monde cherche quelque chose.

EURYTHMICS, 1983

En 1983, aux États-Unis, un groupe pop britannique inconnu grimpait au sommet de la gloire avec une chanson intitulée *Sweet Dreams Are Made Of This*. Le message contenu dans cette chanson, porté par une mélodie envoûtante, voire hypnotique, a fait un tabac. Paroles et musique exprimaient l'insatisfaction de myriades de générations. Mais son succès ne tenait pas seulement au fait que la chanson parlait de troubles sociaux. Ses paroles évoquaient une loi céleste :

Ce n'est pas uniquement chacun de nous – vous et moi – qui cherche le monde et les sept mers pour la douceur des rêves qu'ils promettent. En vérité, *chaque être vivant cherche ce qui peut lui apporter la plénitude.* Il est dans l'essence même de la Grande Nature de rechercher ses plus hautes possibilités. Un simple examen de cette idée vitale laisse entrevoir une existence prégnante de l'inestimable richesse de la connaissance de soi.

Ne voyons-nous pas que tout dans la création, sous une forme ou sous une autre, aspire à toucher et à être touché ? Les fleurs, les arbres étendent leurs pétales et leurs branches vers le soleil, tout comme le soleil se penche vers eux pour les caresser. Quel peut être le dessein d'un tel rayonnement, sinon de donner vie à toutes les formes que cette lumière anime, même de façon passagère ? Une simple réflexion nous permet de voir clairement que la loi invisible d'attraction mutuelle qui filtre à travers la nature tout entière est la règle et non l'exception.

Les champs de céréales invitent les petits oiseaux à disperser leurs graines ; chaque souffle de vent a pour but de faire « bouger » quelque chose. Les gouttes de pluie se précipitent pour étancher la soif des terres desséchées, tandis que les nuages gorgés d'eau remontent haut dans le ciel pour éclater et se répandre. Les ruisseaux cherchent les rivières qui cherchent le chemin vers la mer afin de s'y jeter. Tout est incroyablement limpide : le grand cycle de vie est imprégné de cette « gravité » grâce à laquelle tout ce qui vit est invité à se joindre à un ensemble plus vaste. Et même si elles sont incapables de faire autrement, nous voyons clairement que toutes les créatures travaillent ensemble dans cet objectif commun.

Elles se cherchent et se mettent au service l'une de l'autre afin de s'accomplir et de se perfectionner pour former un tout plus grand que la somme de ses parties. Cette force qui attire l'abeille vers la fleur qui va lui offrir son pollen, ou qui incite le prédateur à consommer sa proie font partie du plan de mère Nature – plan grâce auquel elle veille à la perfection permanente du nombre presque infini de créatures qu'elle tient dans ses mains.

Pourtant, aussi beau et complet que ce système puisse paraître, il y a tout de même un frein dans les pouvoirs nécessaires au maintien d'un tel ordre. Tandis que *les formes et les fonctions* de toutes les créatures évoluent au cours du temps – ce qui leur permet de relever les défis des changements environnementaux –, *leur caractère reste essentiellement le même.* Ces créatures n'ont pas le choix dès le moment où il s'agit de répondre aux exigences de la nature. Les migrations des grands mammifères, le retour annuel des poissons, des oiseaux, des tortues vers leur lieu de naissance – et celui du prédateur qui guette leur passage – sont au service de forces planétaires pour qui l'existence *individuelle* ne compte pas.

Cette loi de l'attraction est *toujours à l'œuvre en nous*, se manifestant également par l'intermédiaire de notre nature animale. Son influence n'est pas reconnue par les masses endormies, mais pour ceux qui ont des yeux pour voir, ses manifestations sont évidentes dans le cadre de nos conventions sociales.

Bien que nous n'en ayons peut-être jamais pris conscience, un flot de voitures de 75 kilomètres de long sur 80 mètres de large roulant lentement sur une autoroute encombrée est une sorte de migration quotidienne. Et qu'en est-il de ce besoin universel de « calfeutrer » notre nid, de l'emporter sur un compétiteur, de trouver le ou la meilleure partenaire sexuelle, de faire des enfants, ou de concevoir des plans destinés à nous réserver les meilleurs terrains de chasse ?

En fait, la nature cachée de tout ce que nous faisons sur une base collective est l'effet direct, mais invisible, de ce grand désir inconscient de rechercher ce qui, nous le croyons, va nous permettre de nous accomplir, et qui nous pousse à rechercher les champs les plus verts grâce au toucher habile de sa main magnétique – sans jamais nous accorder de repos. Au cours des âges, des milliards d'êtres humains ont répondu à l'appel de la Nature – tout comme une feuille dit « oui » au vent qui la fait bouger. Mais que recevons-nous en échange de notre consentement aveugle et confiant ? Nous recevons une satisfaction fragile, illusoire ; notre récompense est une sensation fugitive de plénitude qui, dans la plupart des cas, s'évanouit aussi vite que les conditions éphémères qui y ont présidé.

Heureusement, ceux qui cherchent la vérité derrière cette insatisfaction presque insurmontable voient parfois les choses telles qu'elles sont. On trouve cette révélation dans L'Ecclésiaste 2,2-11, texte écrit entre 250 et 180 avant l'ère chrétienne, dans lequel nous partageons avec l'auteur ce qu'un ami proche pourrait nous dire devant une tasse de café. Dans ce petit fragment de l'Ancien Testament, nous glanons deux vérités : d'abord, comment la petite conscience humaine a changé au cours des siècles ; ensuite, l'inévitable chagrin qui finit par survenir lorsqu'on recherche vainement une satisfaction durable là où elle n'existe pas. La langue peut sembler étrange à nos oreilles, mais la leçon ne l'est certainement pas :

> J'exécutai de grands ouvrages : je me suis bâti des maisons ; je me plantai des vignes ; je me fis des jardins et des vergers, et j'y plantai des arbres à fruit de toute espèce. [...] J'achetai des serviteurs et des servantes [...]. Je m'amassai de l'argent et de l'or [...]. Je devins grand, plus grand que tous ceux qui étaient avant moi [...]. Tout ce que mes yeux avaient désiré, je ne les en ai point privés ; je n'ai refusé à mon cœur aucune joie ; car mon cœur prenait plaisir à tout mon travail. Puis j'ai considéré tous les ouvrages que mes mains avaient faits, et la peine que j'avais prise à les exécuter ; et voici, tout est vanité et poursuite du vent, et il n'y a aucun avantage à tirer de ce qu'on fait sous le soleil.

Où allons-nous trouver une solution à cette situation apparemment insoluble, dans laquelle nos meilleurs instincts nous trahissent parce que tout ce qu'ils peuvent faire est de nous vendre un ticket de retour pour des lieux que nous venons tout juste de quitter ? Rumi, le grand poète perse du XIIIe siècle amoureux de Dieu nous dit que, si nous voulons mettre fin à ce cycle d'insatisfaction, nous devons trouver l'antidote au venin ! À présent, efforçons-nous de prouver la vérité dans cette prescription si contraire à l'intuition.

Chaque fois que nous osons nous tenir dans la lumière d'une vérité jusque-là occultée au sujet de notre impuissance à changer celui que nous sommes ou que nous avons été – lorsque nous réalisons que nos choix sont, secrètement, partie intégrante de tout ce qui nous tient captifs –, nous découvrons toujours deux choses. Tout d'abord, et c'est peut-être le plus important, *nous voyons ce qui ne fonctionne pas*; nous découvrons que notre niveau présent de compréhension est incapable de nous mener à la liberté, car ses désirs font partie de ce qui nous a été livré dans notre prison du moment. La seconde partie de cette prescription repose dans le soulagement de la première partie, un peu comme l'apparition du soleil révèle l'aube d'un nouveau jour. C'est tout à fait clair : nous savons maintenant que, si nous succédons dans notre quête de la complétude, ou de la sainteté – on peut lui donner le nom que l'on veut –, nous n'aurons pas seulement besoin d'un *ordre nouveau et plus aigu de connaissance de soi*, mais d'un ordre qui nous conduise dans *une toute nouvelle direction*. Mais où regarder quand tous les chemins connus en ce monde ramènent au même niveau de réalité que celui où nous avons commencé notre voyage ?

Le docteur Maurice Nicoll, maître spirituel, auteur et brillant psychiatre du XXe siècle, nous fournit un diagnostic précis de notre condition, tout en nous suggérant la nouvelle direction à prendre pour mettre fin à notre insatisfaction. Si nous voulons obtenir le sentiment permanent de plénitude auquel nous aspirons, *nous devons d'abord trouver en nous sa source secrète.*

> L'homme a des nécessités intérieures; sa vie émotionnelle ne peut se satisfaire de choses extérieures. Son organisation ne peut s'expliquer seulement en termes d'adaptation à la vie du dehors. Il a besoin d'idées pour donner sens à son existence. C'est ce qui en lui peut grandir et se développer vers un état plus évolué de lui-même – un état qui ne l'attend pas demain, mais se trouve au-delà de lui-même.

Ici, nous apercevons la promesse de nos propres possibilités ; nous découvrons la raison pour laquelle nous ne pouvons secouer notre sentiment d'incomplétude, en dépit de tout ce que nous avons acquis. Quel espoir avons-nous de trouver dans le monde *qui nous entoure* quelque chose qui puisse répondre à notre aspiration à la plénitude, à notre souhait de ne faire qu'un avec la vie, si ce besoin qui surgit vient d'un monde qui nous dépasse ? Pas étonnant que nous cherchions en vain ! C'est une insatisfaction divine qui nous pousse dans notre recherche de quelqu'un ou de quelque chose qui puisse offrir à notre cœur agité la paix à laquelle il aspire.

Personne n'est immunisé contre le contact déconcertant d'un désir céleste. Son invisible présence s'insinue en nous et, dans certaines circonstances, nous procure une idée de ce qui nous attend juste au-delà de notre nature présente. En de tels moments, nous arrivons à comprendre – grâce à une autre clarté plus lumineuse – que ce que nous avons pris jusque-là pour le soleil n'était rien de plus que la lumière d'une pâle lune. Mais ne vous méprenez pas, il n'y a rien de décourageant dans de tels moments. En fait, c'est tout le contraire. Comme nous allons l'apprendre, rien ne prouve mieux l'existence d'un Amour infini que le fait de se retrouver face aux machinations récurrentes de notre propre cœur.

Mozart confirme cette découverte paradoxale. Ses confessions ne nous permettent pas seulement de jeter un regard sur le grand éventail de la vie céleste, elles nous offrent aussi une promesse : celle de découvrir ces hauteurs célestes en nous-mêmes.

> Je n'ai jamais écrit la musique qui était prête dans mon cœur ; et je ne le ferai peut-être jamais avec ce cerveau et ces doigts, mais je sais que dans l'au-delà elle sera écrite : quand, au lieu de ces quelques petits îlots de sens grâce auxquels nous pouvons exprimer nos impressions du dehors, il y aura un flot d'impressions venues de partout ; et au lieu de ces quelques tonalités de notre petit octave, il y aura un nombre infini d'harmonies – cela, je le sens, j'en ai la certitude. Ce monde de musique, dont j'ai à peine entrevu les limites, est une réalité ; il est immortel.
>
> CHARLES PATTERSON, *The Rythm of Life*

Dans la troisième partie, nous partagerons les récits et découvertes de plusieurs personnes qui, tout comme vous, ont voulu trouver de nouvelles, de vraies réponses capables de relever le défi du temps qui passe et de ses conditions éternellement changeantes. Accueillez ces pensées intérieures inspirantes comme si elles étaient vôtres… car elles peuvent l'être. Accueillez-les dans votre cœur, essayez de découvrir leur sens caché. Répondez à l'appel du clairon ! Si vous le faites, vous vous élèverez dans le monde d'où elles nous parviennent.

Chapitre quatre

Les maîtres parlent de la recherche...

Il y a, dans la vérité, beaucoup plus que les faits.

AUTEUR INCONNU

Agir en accord avec le cosmos dépend d'une synchronisation parfaite : bonnes actions et bonne attitude au bon moment et au bon endroit. Cette guidance, que l'on trouve dans chaque cœur, prend sa source dans le Cœur universel. Cette rectitude est le bien, la joie et le bonheur ultimes. La joie vient naturellement et éclaire une existence vécue dans un contact permanent avec la vérité qui se cache derrière toute la nature – pour son propre bien et rien d'autre.

PRIÈRE ZOROASTRIENNE (1700-1500 av. ère chrétienne, Perse)

Ne vivez pas dans l'illusion que Dieu est quelque part et que vous devez Le chercher ; Dieu est en vous.

ATHARVA VEDA (X-XIIe siècle av. ère chrétienne, Inde)

Dieu a encadré l'esprit de l'homme comme un miroir capable de refléter le monde universel et heureux de recevoir cette impression comme l'œil est heureux de recevoir la lumière.

Salomon (vers 1000 av. ère chrétienne, Jérusalem)

Quiconque voit tous les êtres dans l'âme et l'âme dans tous les êtres...
Quelle illusion et quel chagrin pour celui qui voit l'unité ?
Elle a tout empli. Elle est rayonnante, incorporelle, invulnérable...
Sage, intelligente ; elle englobe tout, elle existe par elle-même,
Elle organise toutes choses dans l'éternité.

Upanishads (800-400 av. ère chrétienne ; ère pré-bouddhiste, Inde)

Le Chemin qui peut être nommé n'est pas le Chemin.

Lao Tseu (vers 570-490 av. ère chrétienne, Chine)

Celui qui s'est courbé sera redressé. Celui qui s'est vidé sera rempli. Celui qui s'est épuisé sera régénéré. Celui qui s'est humilié sera élevé. Celui qui s'est élevé sera mortifié. Et le Sage doit s'attacher à la simplicité.

Lao Tseu (vers 570-490 av. ère chrétienne, Chine)

La souffrance, si elle n'amoindrit pas l'amour, vous transportera sur la rive la plus lointaine.

Bouddha (vers 565-483 av. ère chrétienne, Inde)

La maxime d'un amour attentionné: ne fais pas à un autre ce que tu ne voudrais pas que l'on te fît.

CONFUCIUS (551-479 av. ère chrétienne, Chine)

Celui qui connaît son ennemi et se connaît lui-même ne sera pas en péril dans ses combats. Celui qui ne connaît pas l'ennemi mais se connaît lui-même sera parfois victorieux, parfois vaincu. Celui qui ne connaît ni l'ennemi ni lui-même sera immanquablement vaincu dans tous ses combats.

SUN TSEU (vers 500 av. ère chrétienne, Chine)

Ceux dont l'esprit est attiré vers ma nature invisible ont une grande tâche à accomplir, car un être de chair et d'os trouve difficilement un chemin invisible.

BAGHAVAD-GÎTÂ (500-200 av. ère chrétienne, Inde)

Ceci résume tes devoirs: n'inflige pas aux autres ce qui te causerait une souffrance si cela t'était infligé.

MAHÂBHÂRATA (400 av. ère chrétienne- 200, Inde)

L'homme parfait utilise son esprit comme un miroir, qui n'attrape rien et ne refuse rien. Il reçoit, mais ne garde pas.

CHUANG TSEU (369-286 av. ère chrétienne, Chine)

Restons silencieux, comme le sont les dieux.

DICTON ANCIEN

Aisée est la descente dans le monde souterrain.
Nuit et jour la porte du rougeoyant *Dis* reste ouverte.
Mais te rappeler tes pas et retourner à l'air libre
C'est là qu'est la besogne, c'est là qu'est la tâche.

VIRGILE (70-19 av. ère chrétienne, Gaulle)

Ce n'est pas parce que les choses sont difficiles que nous n'osons pas : c'est parce que nous n'osons pas qu'elles sont difficiles.

SÉNÈQUE (vers 3 av. ère chrétienne-65, Rome)

Pourquoi l'homme ne confesse-t-il pas ses vices ?
Parce qu'il est encore en eux.
C'est à l'homme éveillé de raconter ses rêves.

SÉNÈQUE (vers 3 av. ère chrétienne – 65, Rome)

Rassemblez tous les opposés en vous-même et réconciliez-les ; comprenez que vous êtes partout, sur terre, dans la mer, dans le ciel ; sachez que vous n'avez pas encore été engendré, que vous êtes encore dans la matrice, que vous êtes jeune, que vous êtes vieux, que vous êtes mort, que vous êtes dans le monde au-delà de la tombe ; gardez tout cela à l'esprit, tous les temps et tous les lieux, toutes les substances, toutes les qualités et toutes les magnitudes : alors vous pourrez percevoir Dieu.

ÉCRITS HERMÉTIQUES (Ier au IIIe siècle, Grèce ou Égypte)

Vivre dans la lumière de l'ordre universel, c'est être éveillé ; se refermer sur son propre microcosme, c'est s'endormir.

PLUTARQUE (45-125, Grèce)

Ainsi, tout ce que vous voulez que les hommes fassent pour vous, faites-le vous-même pour eux : voilà la Loi et les Prophètes.

JÉSUS-CHRIST, cité dans l'Évangile selon saint Matthieu (55-60)

Aucun de vous n'est un croyant tant qu'il ne désire pas pour son frère ce qu'il désire pour lui-même.

DICTON ISLAMIQUE

Frères, certes l'élan de mon cœur et ma prière à Dieu pour eux, c'est qu'ils soient sauvés.

ÉPÎTRE DE PAUL AUX ROMAINS, Nouveau Testament (55-56)

Il n'y a qu'un seul but pour lequel Dieu m'a envoyé en ce monde, c'est pour y perfectionner ma nature grâce à toutes sortes de forces et de vertus, et il n'y a rien que je ne puisse utiliser dans ce but.

ÉPICTÈTE (55-135, Phrygie, Asie mineure)

Les disciples dirent à Jésus :
Dis-nous comment sera notre fin.
Jésus dit :
Avez-vous donc dévoilé le commencement
pour que vous cherchiez la fin ?

Car là où est le commencement,
là sera la fin.
Heureux celui qui se tiendra dans le commencement,
et il connaîtra la fin,
et il ne goûtera pas la mort.

ÉVANGILE selon Thomas (60-140, Égypte)

Le Royaume des Cieux est en vous [...]. Et quiconque se connaîtra le trouvera.

ÉVANGILE selon Thomas (60-140, Égypte)

Celui qui a vu les choses du présent a tout vu, à la fois ce qui existe de toute éternité et ce qui n'aura pas de fin; car toutes choses participent d'une même famille et d'une même forme.

MARC-AURÈLE (121-180, Rome)

Ce qui est haïssable à tes yeux, ne le fais pas à autrui. C'est la Loi, tout le reste est commentaire.

LE TALMUD (IIe-Ve siècle)

Si le monde est contre la vérité, alors Athanase est contre le monde.

ATHANASE (vers 295-373, Grèce)

De grandes entreprises et de grands combats attendent les convertis, qui connaîtront ensuite une joie indicible. Lorsque vous allumez un feu, vous êtes d'abord dérangé par la fumée, et vos yeux pleurent. Mais vous finissez par accomplir votre dessein. Il est écrit: « Notre Dieu est un feu qui consume. » Ainsi, nous devons éclairer le feu divin en nous avec nos luttes et nos larmes.

ABBA POEMEN, Paroles des Pères du Désert, (340-450, Égypte)

Pierre de Damas nous affirme qu'il n'y a « rien de mieux que de connaître sa faiblesse et son ignorance, et rien de pire que de n'en avoir pas conscience ».

PHILOKALIA (XVe au XVe siècle, Corinthe)

Seul celui qui se connaît vraiment sait qu'il n'est rien.

SAINT JEAN CHRYSOSTOME (347-407, Grèce)

L'esprit doit se garder indépendant de toutes pensées survenant en lui. Lorsque l'esprit dépend de quelque chose, il n'a pas de hâvre sûr.

SOUTRA DU DIAMANT (IVe siècle, Chine)

Si vous allez vers Lui, il viendra vivement vers vous.

MAHOMET (vers 570-632, La Mecque, Arabie Saoudite)

Le Tout-Puissant a créé les anges et les a dotés de raison, et Il a créé les bêtes et les a dotées de passion, et Il a créé l'homme et l'a doté de raison et de passion. Celui dont la raison l'emporte sur la passion est plus haut que les anges, et celui dont la passion l'emporte sur la raison est plus bas que les bêtes.

MAHOMET (vers 570-632, La Mecque, Arabie Saoudite)

Gloire à Dieu qui n'a donné à Ses créatures aucun moyen d'atteindre à sa connaissance, excepté par l'intermédiaire de leur impuissance et de leur désespoir devant l'impossibilité d'atteindre ce but.

ABOU BAKR AS-SIDDIQ (573-634, La Mecque, Arabie Saoudite)

Beaucoup cherchent avidement, mais seuls trouvent ceux qui restent silencieux [...]. Ceux qui se délectent d'une multitude de paroles, même s'ils disent des choses admirables, sont vides à l'intérieur. Si vous aimez la vérité, soyez un amoureux du silence. Le silence, comme le soleil, vous illuminera en Dieu et vous délivrera des fantômes de l'ignorance. Le silence unira votre âme à Dieu.

ISAAC DE NINIVE (date inconnue-vers 700, Qatar)

Tu demandes pourquoi j'ai construit ma maison dans la montagne, et je souris, et je suis silencieux, et même mon âme est tranquille : elle vit dans l'autre monde que personne ne possède.

LI PO (701-762, Chine)

J'ai cherché Dieu pendant trente ans. Et quand j'ai regardé avec attention, j'ai découvert que Dieu, en réalité, était celui qui cherche, et moi celui qui est cherché.

BAYAZID BASTAMI (804-874, Perse)

Plus un homme entre dans la lumière de la compréhension, plus il est conscient de sa propre ignorance. Et lorsque la lumière se révèle pleinement à lui, s'unit à lui et l'attire en elle, il se retrouve dans un océan de lumière.

Alors il se vide de toute connaissance et s'immerge dans l'absolue ignorance.

SIMÉON LE JEUNE (vers 949-1022, Constantinople)

Quand tu donnes à Dieu ton néant, Il te donne son Tout.

ABU L'HASIN KHURQANI (963-1033, Perse)

Le véritable homme de Dieu se tient au milieu de ses semblables, et se lève et mange et dort et se marie et donne et prend et achète et vend au bazar et passe ses journées avec ses compagnons, et malgré tout cela il n'oublie jamais Dieu, même pour un seul instant.

ABI'L KHAYR (967-1049, Perse)

Amène toute ta personne à cette porte: si tu n'amènes qu'une partie de toi, tu n'auras rien amené du tout.

HAKIM SANAI (1080-1131, Perse)

Lorsque tu cherches, en quoi est-ce différent que de poursuivre le son et la forme ? Si tu ne cherches pas, en quoi es-tu différent de la terre, du bois, de la pierre ? Mieux vaut chercher sans chercher.

WU-MEN HUIKAI (1183-1260, Chine)

Celui qui apprend les lois de la sagesse sans se conformer à elles dans son existence est comme un homme qui laboure son champ sans l'avoir ensemencé.

SAADI (vers 1193-vers 1291, Perse)

Fouille sans cesse ton monde intérieur
avec le seigneur de ton cœur.
Le cuivre ne sait qu'il est cuivre
que lorsqu'il se transforme en or.
Ton amour ne connaît sa majesté
que lorsqu'il connaît son impuissance.

Jalal al Din Rumi (1207-1273, Balkh)

Un miroir vide et tes habitudes les plus destructrices,
lorsqu'ils s'associent,
c'est alors que la véritable création commence.
C'est cela, l'art et le métier.

Un tailleur a besoin de vêtements usés pour apprendre son métier.
Les troncs d'arbre doivent être coupés
pour fabriquer de beaux meubles.

Jalal al Din Rumi (1207-1273, Balkh)

N'être rien est la pré-condition de l'être.

Jalal al Din Rumi (1207-1273, Balkh)

Sachez comment vous connaître. Pour se connaître, un homme doit toujours être attentif à lui-même, en possession de ses facultés extérieures. Cette discipline doit se maintenir jusqu'à ce qu'il atteigne un état de conscience [...]. L'objectif est d'atteindre un état de conscience – un nouvel état de l'être. Il peut être atteint lorsqu'on est présent à soi-même.

Maître Eckhart (1260-vers 1327, Thuringe)

L'écale doit être éclatée et alors ce qui est à l'intérieur sortira; car si vous voulez l'amande, il faut briser la noix. Et si vous voulez découvrir la nudité de la nature, vous devez détruire ses symboles, et plus loin vous irez, plus vous vous rapprocherez de votre essence.

MAÎTRE ECKHART (1260-vers 1327, Thuringe)

Ce lieu où tu es maintenant, Dieu l'avait entouré d'un cercle sur une carte.

HAFEZ (1315-1390, Perse)

Si tu désires t'élever dans ta vie spirituelle, tu dois refuser de te laisser piéger dans les affaires du monde : tu dois trouver du temps qui t'appartienne, loin du bruit et de la confusion, loin du pouvoir et des richesses.

THOMAS A'KEMPIS (1379-1471, Allemagne)

Ce qui importe avant tout, c'est d'entrer en nous-mêmes pour y rester seul à seul avec Dieu.

SAINTE THÉRÈSE D'AVILA (1515-1582, Espagne)

Dans toute la connaissance, ce que recherche d'abord le bon sage est de se connaître soi-même.

WILLIAM SHAKESPEARE (1564-1616, Angleterre)

Une fois découvertes, toutes les vérités sont faciles à comprendre, mais il faut d'abord les découvrir.

GALILÉE (1564-1642, Italie)

Celui pour qui le temps est comme l'éternité, et l'éternité comme le temps, est libre.

Jacob Boehme (1575-1624, Allemagne)

Nous pourrions pénétrer dans une nouvelle réalité de notre être et percevoir une relation nouvelle dans toutes choses si nous étions capables de faire taire nos pensées et nos entêtements, et d'arrêter la roue de l'imagination et des sens.

Jacob Boehme (1575-1624, Allemagne)

Celui qui confesse son péché commence son voyage vers le salut ; celui qui le regrette continue sa route ; celui qui y renonce arrive au bout du voyage.

Francis Quarles (1592-1644, Angleterre)

La sagesse la plus grande consiste, pour l'homme, à se connaître lui-même, car en lui Dieu a placé son discours éternel.

Ali Puli (XVIIe siècle, Mauritanie)

Le but de toute étude est de connaître Dieu et, partant de cette connaissance, de l'aimer et de l'imiter.

John Milton (1608-1674, Angleterre)

Pratiquer la présence de Dieu est une aptitude que l'on peut développer. [...] Vous devriez vous rappeler constamment de remanier vos pensées à l'idée que Dieu est avec vous en ce moment précis. [...] L'adoration qui plaît à Dieu provient du cœur.

Frère Laurence (1611-1691, France)

Afin de tester notre expérience, exprimons nos idées comme nous expliquons nos résultats de laboratoire.

John Locke (1632-1704, Angleterre)

Si j'ai jamais fait des découvertes valables, je le dois davantage à une patiente attention qu'à tout autre talent.

Sir Isaac Newton (1642-1727, Angleterre)

L'intempérance des hommes change en poisons mortels les aliments destinés à conserver leur vie.

Vouloir examiner tout par soi-même, c'est défiance, c'est petitesse, c'est se livrer à une jalousie pour les détails qui consume le temps et la liberté d'esprit nécessaires pour les grandes choses.

Fénélon (1651-1715, France)

La plus grande de toutes les croix est le moi. [...] Si nous mourons en partie chaque jour, nous n'aurons que peu à faire le dernier. Ces petites morts quotidiennes détruiront le pouvoir de la mort finale.

Fénélon (1651-1715, France)

Mais quel est le secret de la découverte de ce trésor ? – Il n'y en a point. Ce trésor est partout [...]. La providence de Dieu traverse tout l'univers. Elle sourd partout et pénètre toutes les créatures. Là où elles sont, elle se trouve aussi. Elle les précède, elle les accompagne, elle les suit. Tout ce qu'elles ont à faire est de laisser ses vagues les pousser vers l'avant, et remplir les simples devoirs de leur religion et de leur État, et accepter joyeusement tous les problèmes qu'elles éprouvent, et se soumettre à la volonté de Dieu dans tout ce qu'elles doivent accomplir. C'est là pure spiritualité, valable en tout temps et pour chacun.

Jean-Pierre de Caussade (1675-1761, France)

Vous ne pouvez avoir plus grand motif de fierté véritable que lorsque vous pensez que vous êtes suffisamment humble.

William Law (1686-1761, Angleterre)

Le chemin du chagrin, et ce chemin seul, mène au pays où le chagrin est inconnu ; aucun voyageur n'a jamais atteint ces lieux bénis sans trouver sur sa route des ronces et des épines.

William Cowper (1731-1768, Angleterre)

« Meurs et devient », c'est cela, « Meurs à cette existence et renaît à un niveau plus élevé ».

Goethe (1749-1832, Allemagne)

Dans cette patience, mais peu joyeuse obéissance, nous nous préparons à voir la lumière. L'âme devient plus forte.

William Ellery Channing (1780-1842, États-Unis)

Les yeux faibles sont friands d'objets étincelants.

Thomas Carlyle (1795-1881, Écosse)

Il plaît aux dieux et aux hommes celui qui se suffit à lui-même. Pour lui, toutes les portes s'ouvrent ; toutes les langues parlent de lui, tous les honneurs le couronnent, tous les yeux le suivent avec désir. Notre amour va vers lui et l'enlace, parce qu'il n'en a aucun besoin. Nous le caressons et le célébrons avec sollicitude et contrition, car il reste fermement campé dans ses positions et fait fi de notre désapprobation. Les dieux l'aiment parce que les hommes le haïssent. « Vers le mortel persévérant, dit Zoroastre, les bienheureux Immortels se précipitent. »

RALPH WALDO EMERSON (1803-1882, États-Unis)

Donc, devant des choses désagréables ou redoutables, la prudence conseille de s'éloigner ou de fuir, mais avec courage. Celui qui désire cheminer avec sérénité dans les régions les plus paisibles de la vie doit s'armer de fermes résolutions. Laissons-lui affronter l'objet de ses pires appréhensions, et sa vigueur fera que sa peur perdra tout fondement.

RALPH WALDO EMERSON (1803-1882, États-Unis)

J'ai été souvent assommé par l'accablante conviction que je n'avais nulle part où aller. Ces jours-là, ma propre sagesse et toute ma personne me semblaient insuffisantes pour terminer la journée.

ABRAHAM LINCOLN (1809-1865, États-Unis)

Si vous allez vers la Cité céleste, n'emportez pas de lettres d'introduction. Frappez et demandez à voir Dieu, pas un de ses serviteurs.

HENRY DAVID THOREAU (1817-1862, États-Unis)

Les frontières ne sont pas à l'est ou à l'ouest, au nord ou au sud, mais là où un homme doit affronter un fait.

Henry David Thoreau (1817-1862, États-Unis)

Comme l'obscurité, l'humilité révèle les lumières célestes.

Henry David Thoreau (1817-1862, États-Unis)

Toute l'histoire de la progression de la liberté humaine démontre que les concessions pourtant faites à ses augustes requêtes sont nées d'une lutte fervente. Ceux qui entendent favoriser la liberté et déprécient pourtant l'agitation sont ceux qui veulent récolter avant de labourer, qui veulent la pluie sans le tonnerre et les éclairs. Ils veulent l'océan sans le terrible rugissement des vagues.

Frederick Douglass (1818-1895, États-Unis)

Ô Seigneur, je ne peux plaider pour mon amour de toi :
Je plaide pour ton amour de moi ;
Le ruisseau peu profond salue l'insondable océan.

Christina Rossetti (1830-1894, Angleterre)

Je ne crains pas les tempêtes, car j'apprends à diriger mon embarcation.

Louisa May Alcott (1832-1888, États-Unis)

Car tandis que nous abandonnons, en un sens, notre moi pour vivre une vie de raison universelle et absolue, ce que nous abandonnons alors est en réalité notre moi le plus authentique. Cette vie de vérité absolue ou de raison ne nous est pas étrangère. Si elle est au-dessus de nous, elle est aussi en nous. En cédant à cette vie, nous ne nous soumettons pas à une loi extérieure et arbitraire ou à une autorité externe, mais à une loi qui est devenue notre propre loi, à une autorité qui trône dans l'essence la plus profonde de notre être.

EDWARD CAIRD (1835-1908, Écosse)

Chaque être présume, stupidement, que seule son horloge donne l'heure exacte. Les chrétiens prétendent posséder une vérité exclusive [...]. Une innombrable variété d'hindous affirment que leur secte, même petite et insignifiante, indique la croyance ultime. Des musulmans pieux maintiennent que la révélation coranique surpasse toutes les autres. Le monde entier devient fou lorsqu'il entend cette simple phrase : « Seule ma religion est vraie. » Ô Mère, tu m'as montré qu'aucune horloge n'est précise. Seul le transcendant soleil de la connaissance est maître du temps. Qui peut créer un système en partant du Divin Mystère ? Mais si un pratiquant sincère, quelle que soit sa culture ou sa religion, prie et médite avec une grande dévotion et un engagement envers la Vérité, la Vérité seule, Ta grâce inondera son esprit et son cœur, Ô Mère. Sa tradition sacrée s'ouvrira et s'illuminera. Il atteindra le but ultime de l'évolution spirituelle.

RAMAKRISHNA (1836-1886, Inde)

Où un homme peut-il trouver la vérité ? S'il cherche assez profondément en lui-même, elle se révélera ; car chaque homme connaît son propre cœur. Il peut envoyer un rayon de son intelligence dans les tréfonds de son âme pour en éclairer le fond ; il constatera alors qu'elle est infiniment profonde, aussi profonde que le ciel au-dessus de sa tête. Il peut trouver des coraux et des perles, ou voir les monstres des ténèbres. Si sa pensée reste ferme et inébranlable, il peut entrer dans le sanctuaire secret de son propre temple et voir la déesse sans voile. Tout le monde ne peut pas pénétrer dans de telles abysses, car la pensée s'y égare aisément ; mais le chercheur fort et persévérant soulèvera voile après voile, jusqu'à ce qu'il découvre, au milieu des profondeurs, le germe de vérité qui, éveillé à la conscience, grandira pour se transformer en un soleil qui illuminera le monde intérieur et tout ce qu'il contient.

FRANZ HARTMAN (1838-1912, Allemagne)

Un grand nombre d'échecs sont le lot de ceux qui n'ont pas compris, lorsqu'ils ont abandonné, combien ils étaient près du succès.

THOMAS A. EDISON (1847-1931, États-Unis)

Quand un homme est destiné à trouver la Clé de la Connaissance, laissons-le la chercher lui-même.

JAMES ALLEN (1864-1912, Angleterre)

Oh toi qui te languis dans la geôle de l'Actuel et implores les dieux de te donner un royaume où régner et créer, reconnais ceci comme vérité : ce que tu cherches est déjà en toi, ici et maintenant – encore faut-il que tu le voies !

JAMES ALLEN (1864-1912, Angleterre)

Telle est la nature de l'homme
que devant ton premier présent, il se fige ;
devant le deuxième, il te baise la main ;
devant le troisième, il te remercie servilement ;
devant le quatrième, il se contente de hocher la tête ;
devant le cinquième, il devient trop familier ;
devant le sixième, il t'insulte ;
et devant le septième, il te traîne en justice pour n'avoir pas assez donné.

GURDJIEFF (vers 1866-1949, région du Caucase)

Mon expérience m'a appris que l'homme agit de telle sorte que ses plans sont souvent contrariés par Dieu, mais en même temps, lorsque le but ultime est la *recherche* de la vérité – et en dépit du fait que ses plans ont été contrariés –, le résultat ne lui est jamais préjudiciable et est souvent meilleur que ce à quoi il s'attendait.

GANDHI (1869-1948, Inde britannique)

On ne peut découvrir de nouvelles terres sans consentir à perdre de vue le rivage pendant une longue période.

ANDRÉ GIDE (1869-1951, France)

Les querelles des sectes religieuses sont comme une dispute de vases qui veulent seuls être autorisés à contenir le nectar de l'immortalité. Laissons-les se disputer, et trouvons le nectar dans le pot où il se trouve.

SRI AUROBINDO (1872-1950, Calcutta, Inde)

Quand l'observateur semble occupé à observer une pierre, il observe – si les lois de la physique sont exactes – l'effet que la pierre a sur lui.

BERTRAND RUSSELL (1872-1970, Angleterre)

Les hommes trébuchent de temps à autre sur la vérité, mais la plupart se relèvent et filent comme si rien ne s'était passé.

WINSTON CHURCHILL (1874-1965, Angleterre)

Ne soyez pas troublé par ce qui est à la surface : dans les profondeurs tout devient loi.

RAINER MARIA RILKE (1875-1926, République tchèque)

On n'atteint pas la conscience sans douleur.

CARL JUNG (1875-1961, Suisse)

Il n'est pas nécessaire de visiter les grandes cathédrales pour trouver la Déité. Asseyez-vous, restez immobile, et regardez en vous.

ALBERT SCHWEITZER (1875-1965, Allemagne)

Les systèmes et les écoles peuvent indiquer des méthodes et des moyens, mais aucun système et aucune école ne peut remplacer l'homme dans les travaux qu'il doit faire lui-même. La croissance intérieure, ou un changement quelconque, dépend entièrement d'un travail de développement personnel.

P. D. OUSPENSKY (1878-1947, Russie)

Une autre émotion que les gens doivent sacrifier est leur souffrance. Il est très difficile de sacrifier sa souffrance. Un homme peut renoncer à n'importe quel plaisir, mais il n'abandonnera pas sa souffrance. L'homme est fait de telle sorte qu'il n'est jamais attaché à rien autant qu'à sa souffrance. Il est pourtant nécessaire qu'il s'en libère. Celui qui n'est pas libéré de sa souffrance, qui ne l'a pas sacrifiée, ne peut agir. Il y a beaucoup à dire sur la souffrance. Rien ne peut être atteint sans elle, mais en même temps, on doit commencer, avant toute chose, par la sacrifier. À vous de déchiffrer ce que tout cela veut dire.

P. D. OUSPENSKY (1878-1947, Russie)

Le degré de liberté découlant de pensées inopportunes et le degré de concentration nécessaire pour une simple pensée sont les mesures qui jaugent le progrès spirituel.

RAMANA MAHARSHI (1879-1950, Tiruchuzhi, Tamil Nadu)

La vérité ne réside pas dans le temps, ni dans le futur, elle est ici, maintenant, au-dessus de nous, au-dessus de notre conscience présente.

MAURICE NICOLL (1884-1953, Écosse)

Si nous pouvions pénétrer l'éternelle réalité de notre être, nous trouverions la seule et unique solution à chaque situation – dans le sens de notre propre existence, et essentiellement en elle.

MAURICE NICOLL (1884-1953, Écosse)

Ne jamais confondre connaissance et sagesse. L'une vous permet de gagner votre vie, l'autre d'avoir une vie.

Eleanor Roosevelt (1884-1962, États-Unis)

Il y a, dans cette chose mystérieuse que rien n'est en mesure de saisir, quelque chose que nulle pensée ou sentiment ne peut m'aider à comprendre. Elle n'apparaît que lorsque je suis engluée dans la toile de mes pensées et de mes émotions. C'est l'inconnu, qui ne peut être compris avec ce que je connais.

Jeanne Matignon de Salzmann (1889-1990, Suisse)

Une véritable éducation consiste à apprendre à penser, et non à quoi penser. Si vous savez penser, si vous avez réellement cette capacité, alors vous êtes un être libre – sans dogme, sans superstitions, sans rituels – et vous pouvez dès lors découvrir ce qu'est la religion.

Krishnamurti (1895-1986, Inde)

Je vous le dis, le doute est un onguent précieux;
Sans doute brûle-t-il, mais il guérit si bien.

Krishnamurti (1895-1986, Inde)

Le signe d'une intelligence supérieure est sa capacité de réfléchir à deux idées opposées en même temps.

F. Scott Fitzgerald (1896-1940, États-Unis)

Dès le moment où nous prenons la décision de continuer à exiger Dieu avant toute chose, nous bondissons hors des faux-semblants de ce monde. Nous nous retrouvons alors mal ajusté à ce monde, et nous le sommes de plus en plus tandis que nous progressons sur la Voie sainte. Puis nous acquérons une nouvelle perspective ; une psychologie différente se forme en nous ; un nouveau pouvoir surgit, dont la force nous surprend.

A. W. Tozer (1897-1963, États-Unis)

Il y a deux devoirs fondamentaux dans cette vie ; l'un est de servir la nature, l'autre de trouver Dieu.

J. G. Bennett (1897-1974, Angleterre)

Tandis qu'il progresse dans le désir de se détacher des résultats et de ses possessions, il progressera inévitablement dans le désir de se débarrasser de tout souci concernant son développement spirituel. S'il renonce à l'ego, il devra aussi renoncer à ses tentatives de le renforcer. Cela s'applique tout autant à son caractère qu'à ses idées.

Paul Brunton (1898-1981, Angleterre)

Même si vos efforts d'attention restent en apparence stériles pendant des années, un jour une lumière exactement proportionnelle à ces efforts vous inondera l'âme.

Simone Weil (1909-1943, France)

Pourquoi êtes-vous attaché à un seul livre, ou aux paroles d'un seul saint alors qu'il vous dit lui-même de laisser tout cela et d'avancer avec simplicité ? Vous accrocher à lui comme pour le transformer en méthode, c'est le contredire et aller dans la direction opposée à celle dans laquelle il veut vous voir marcher.

THOMAS MERTON (1915-1968, France)

C'est dans l'humilité qu'est la plus grande liberté. Aussi longtemps que vous devez défendre le moi imaginaire que vous croyez important, vous perdez la paix du cœur. Aussi longtemps que vous comparez cette ombre aux ombres d'autres personnes, vous perdez toute joie, car vous commencez à traiter avec des choses irréelles – et ce qui n'existe pas ne procure aucune joie.

THOMAS MERTON (1915-1968, France)

Il s'approche régulièrement du point où ce qui est inconnu n'est pas un simple espace blanc dans une toile de mots mais une fenêtre sur l'esprit, une fenêtre dont le nom n'est pas ignorance mais émerveillement.

ALAN WATTS (1915-1973, Angleterre)

Quand vous choisissez la vérité, la vérité vous choisit.

VERNON HOWARD (1918-1992, États-Unis)

Votre humiliation est votre salut.

VERNON HOWARD (1918-1992, États-Unis)

Le seul moyen d'éviter la mort est de ne pas être né. Dans la mort il y a union avec le Bien-Aimé. Le véritable talent est d'atteindre la mort avant de mourir.

JOHN ALGEO (1930, États-Unis)

Le silence n'est pas l'absence de son, mais l'absence d'ego.

ANTHONY DE MELLO (1931-1987, Inde britannique)

Quand le cœur pleure parce qu'il a perdu, l'esprit rit parce qu'il a trouvé.

DICTON SOUFI

Arjuna est l'âme humaine ascendante. Krishna est l'âme humaine divine descendante. Finalement, les âmes se rencontrent. L'âme humaine dit à l'âme divine: « J'ai besoin de toi. » L'âme divine dit à l'âme humaine: « J'ai besoin de toi aussi. J'ai besoin de toi pour me manifester. Tu as besoin de moi pour te réaliser. » Arjuna dit: « Ô Krishna, tu es mien, absolument mien. »

SRI CHINMOY GHOSE (1931-2007, Inde britannique)

Si vous vous croyez libre, il n'y a aucune évasion possible.

RAM DASS (1931, États-Unis)

Nous voici donc, explorateurs d'un vaste univers à la fin de la première décennie du troisième millénaire. Nous avons interrogé l'aube des temps et questionné le Big Bang. Nous avons fait nos premiers pas hésitants dans l'espace. Mais ce que nous désirons le plus continue à nous échapper. Le chemin de la paix intérieure et son jumeau, le chemin extérieur de la justice, sont difficiles à trouver dans un monde confronté à la guerre, au terrorisme politique et économique, et à l'injustice. Rechercher la paix intérieure et la suivre ouvertement dans cette ère de recherche des espaces intersidéraux est le plus grand défi auquel nous devons faire face.

DR J. J. HURTAK (1940, États-Unis)

Troisième partie

Le sacré

Chapitre cinq

« Ce qui est en haut comme ce qui est en bas* »

Pas de paix dans la forêt depuis quelques mois. La bagarre qui a commencé comme une simple divergence d'opinion entre vieux amis – un écureuil gris et un renard roux vivant dans la même partie du bois – a pris de l'ampleur et s'est transformée en conflit dans lequel tous les animaux à des milles à la ronde ont pris parti.

Il semble que le différend ait commencé quand l'écureuil a dit au renard que de tous les habitants de ces lieux, il était, de loin, le plus heureux. « Impossible, a rétorqué le renard roux, c'est moi qui suis le plus heureux ! » S'est ensuivie une brève escarmouche sur les droits au bonheur des deux vantards, mais sans véritable vainqueur. Les choses se sont corsées quand le renard mécontent a raconté la dispute à un de ses voisins, le putois qui vit dans le creux d'un arbre juste au-dessus de son terrier.

---

* Hermès Trismégiste.

Le putois s'est bien sûr montré très offensé à l'idée que le renard se croie plus heureux que lui, et la bagarre a repris, attirant l'attention d'un geai et d'un pic qui passaient par là.

Quelques instants plus tard, les quatre gaillards se querellaient, chacun prétendant « être le plus heureux de tous ». Alors, comme un feu de broussailles, le conflit s'est répandu aux alentours. En moins de deux semaines, il n'y avait plus une seule créature des bois qui ne prétendît être drapée dans le manteau du « plus heureux »… à l'exception d'un seul.

Salomon, le sage et vieil hibou, n'était pas particulièrement intéressé par ces querelles puériles qui ne cessaient d'éclater entre ses voisins et amis. Mais en tant que conseiller général le plus ancien et le plus respectable de toutes les créatures sylvestres de la région, il se disait qu'il était de son devoir de résoudre le conflit aussi rapidement que possible. En outre, il connaissait la créature la plus heureuse des bois : une vieille amie à lui. Ainsi qu'il l'avait déjà fait souvent dans des situations délicates, Salomon a invité les créatures de la forêt à vingt lieues à la ronde à un conseil de paix destiné à ramener l'ordre et le calme, une fois pour toutes.

Comme l'on pouvait s'y attendre, chacun s'est présenté à l'invitation du sage, mais la tension entre les invités était palpable. Bien sûr, les corneilles faisaient grand bruit, croassant à qui mieux mieux pour surpasser les cris rauques des geais. Et les autres animaux n'étaient pas en reste : ours, putois, lynx, écureuils, ratons laveurs et oiseaux en tout genre prétendaient être « le plus heureux de tous ».

Levant une main auguste, Salomon s'avança au milieu de la foule et parla ainsi : « S'il vous plaît, mes amis, puis-je avoir toute votre attention… »

Faisant pivoter lentement sa belle tête emplumée pour regarder chacune des créatures présentes – afin de bien leur montrer qu'il s'adressait personnellement à chacune d'elles –, il poursuivit son discours : « Je crains fort qu'aucun d'entre vous ne soit ce qu'il prétend être. »

Il avait à peine terminé ce préambule qu'un murmure déconcerté parcourut la foule des prétendants au bonheur. Puis une des corneilles cria ce que tous les autres pensaient :

« Vous plaisantez ! Que voulez-vous dire par *aucun* d'entre nous ?… Il y en a certainement un qui est le plus heureux ! »

La question ne concernait pas vraiment Salomon : elle était plutôt destinée à remporter l'approbation de la foule. Du reste, le chœur des voix enthousiastes s'est immédiatement fait entendre :

« Oui, c'est vrai, c'est vrai !

– Laissez parler la corneille !

– C'est sûrement l'un de nous !

– J'en conviens », a dit Salomon. Puis il a fait une pause pour permettre aux autres de retrouver leurs esprits. « Mais le plus heureux de tous n'est même pas avec nous aujourd'hui. »

Un silence tendu est tombé sur l'assemblée, finalement interrompu par le commentaire courroucé d'une créature cachée derrière un arbre. « Ha ! C'est donc un vrai poltron ! Il n'a même pas le courage de se montrer et de réclamer la couronne ! »

« C'est possible », a déclaré Salomon. Puis, mesurant soigneusement la portée de ses mots : « Mais cette créature – une amie très chère – n'a jamais prétendu être quelqu'un de particulier, comme vous l'avez *tous* fait. Autrement dit… » – il a froncé les sourcils pour accentuer toute l'ironie de ce qui allait suivre – « il semble que mon amie n'ait aucune raison de se défendre et encore moins de prétendre à un titre stupide dont elle se fiche royalement. »

L'autorité avec laquelle Salomon avait parlé, et le bon sens évident de son affirmation ont suscité une autre série de murmures ulcérés. Puis un cri s'est élevé au milieu des lamentations – un cri qui sonnait beaucoup plus comme un ordre que comme une question :

« Alors, peux-tu nous dire, puisque ce n'est pas l'un de nous, qui est, selon toi, la créature la plus heureuse de ces forêts ? »

Salomon a pris une profonde respiration. « Vous la connaissez tous. C'est Abraham, la vieille tortue de Glen. »

« Quoi ! » a hurlé une des corneilles, tombant presque de son perchoir juché sur un arbre tout proche. « Tu plaisantes ! ». Le sarcasme, dans sa voix, s'est mué en défi. « Voyons, mon vieux… comment Abraham pourrait-elle avoir *cela* et pas *nous* ? »

Avec un petit hochement de tête et un léger sourire, Salomon a répondu : « Ce qui fait qu'Abraham la tortue est plus heureuse que vous tous est très simple. Et c'est pour cette raison, je suppose, que vous n'êtes pas capables de le voir.

– Voir quoi ? crièrent en chœur quelques impatients.

– Pensez-y bien.

– Parle, parle ! »

Loin d'être intimidé, Salomon prit tout son temps avant de répondre.

« Quel que soit l'endroit où elle doit se rendre – et quels que soient le temps et les problèmes qu'elle connaît sur son chemin – *la maison d'Abraham la suit partout où elle va.* »

❖

Cette petite histoire est beaucoup plus qu'une simple métaphore à connotation spirituelle. Beaucoup plus souvent que nous ne le croyons, ce que nous voyons dans la nature nous remue, nous émeut, comme ces choses depuis longtemps oubliées qui réapparaissent soudainement. Cet exemple – celui de la tortue accompagnée, où qu'elle aille, de sa maison – nous rappelle l'une de nos aspirations les plus profondes : être en mesure de faire face, sans crainte aucune, à quelque problème que ce soit ; d'y faire face avec assurance, car la force dont nous avons besoin pour affronter l'épreuve – où que nous allions – *fait déjà partie de ce que nous sommes.*

Prenons un autre exemple. La raison pour laquelle un grand nombre d'entre nous éprouve une telle fascination pour la métamorphose de la chenille rampante en papillon qui se déploie dans les airs, c'est que nous espérons connaître une transfiguration similaire dans notre caractère, et être en mesure de nous débarrasser de ce qui pèse lourdement sur nos épaules. Nous aspirons à nous élever au-dessus de nos fardeaux terrestres.

Mère Nature est pleine de cette « magie » qui nous inspire et nous permet de nous émerveiller devant nos possibilités latentes.

Lorsque nous sommes prêts à créer, elle nous fait signe, nous encourage : « Éveille-toi ! Une grandeur secrète attend de se révéler en toi ! Vois comment le céleste est caché dans le terrestre ; sers-toi de cette compréhension pour retourner au rivage sacré. »

Prenez le temps de regarder un chêne. Chaque année de sa vie, il laisse tomber des glands de différentes formes, grosseurs, couleurs. Chacune des semences cachées dans ce gland peut faire naître un chêne aussi beau, aussi grand, aussi majestueux que celui dont elles sont tombées. Dans un sens très réel, chacun de ces glands *est* un grand chêne ; sa forme temporaire n'est qu'un des nombreux stades qu'il devra traverser dans le cycle de vie presque infini de cet arbre.

Vu de cette manière, l'objectif de ce gland ne consiste pas seulement à faire pousser un arbre. Ce que nous constatons, c'est que *son voyage n'a ni commencement ni fin*. L'humble gland qui va devenir un arbre est en fait une « semence prodigue » – qui revient sans cesse là où elle a commencé, renaissant encore et encore.

Le destin exceptionnel de ce gland est le même que celui de l'arbre dont il provient : continuer à perfectionner la totalité de sa nature et, en même temps, celle de mère Nature. Dans cette nouvelle perspective, nous voyons que cette semence, cette germination, et l'arbre qui en sort font partie d'un ordre supérieur de réalité : une nature qui s'exprime, simplement, en trois stades de vie. Ces phases nous semblent séparées, mais elles ne le sont pas : en raison des limites de nos sens, incapables de voir leur passage à travers le temps, nous sommes tout simplement aveugles à leur secrète complétude.

En observant la vie à travers notre conscience limitée, nos sens sont en mesure d'en saisir les étapes individuelles, mais ils ne peuvent discerner le grand Tout dont elles font partie. William Blake, le merveilleux poète du XVIIIe siècle, confirme cette observation :

> Les prisons sont bâties avec les pierres de la loi, les bordels avec les briques de la religion. La fierté du paon est la gloire de Dieu. La luxure de la chèvre est le don de Dieu. La rage du lion est la sagesse de Dieu. La nudité de la femme est l'œuvre de Dieu. L'excès de chagrin rit. L'excès de joie pleure. Le rugissement des lions, le hurlement des loups, la colère de la mer déchaînée et l'épée meurtrière sont des portions d'éternité, trop grandes pour l'œil de l'homme.
>
> Le mariage du Ciel et de l'Enfer

Pourtant, cette série de limites n'est pas une cellule de prison qui enferme nos possibilités, pas plus que la coquille durcie du gland n'empêche un arbre de germer et de se développer à partir de sa semence. En nous habite une intelligence divine dont la présence et le pouvoir éternels – une fois intégrés – actualisent la promesse que l'on trouve dans l'Évangile selon Thomas :

> Jésus a dit : « Les images se manifestent à l'homme et à la lumière qui en elles est cachée. Dans l'image de la lumière du Père, elle se dévoilera. »

Et nous trouvons la même idée dans le Nouveau Testament, Luc 8,17 :

> Car rien n'est caché qui ne deviendra manifeste, rien non plus n'est secret qui ne doive être connu et venir au grand jour.

De quoi est fait ce pouvoir qui peut nous révéler la vérité derrière le mystère de ce que nous sommes ? Quelques exemples tirés de l'histoire des découvertes humaines répondent remarquablement à ce questionnement.

Les frères Wright, voyant les oiseaux voler librement dans les cieux, ont « demandé » à la nature de leur divulguer les principes de la navigation aérienne. Résultat de leur enquête et de leur génie créateur : aujourd'hui, nous pouvons aller au bout du monde en quelques heures !

Albert Einstein, le père de la physique moderne, a « demandé » à l'univers de lui révéler la relation secrète entre la matière et l'énergie. C'est ainsi qu'est née la théorie de la relativité. De ce fruit est sortie la semence de nouvelles disciplines scientifiques, dont les découvertes majeures ont mené à l'utilisation pacifique de l'énergie atomique et à la supraconductivité. Des études sur la gravitation ont permis ensuite d'explorer et de comprendre le mécanisme des régions les plus lointaines de notre univers.

C'est indiscutable : l'esprit qui veut connaître la vérité concernant un élément quelconque et qui accepte de payer le prix d'une telle découverte trouvera immanquablement ce qu'il cherche ; nos aspirations les plus hautes sont le reflet de possibilités non encore manifestes.

Toutes les Écritures – de l'Occident et de l'Orient – confirment cette vérité intemporelle : *il suffit de demander et l'on vous répondra.*

Cependant, la véritable question qui se pose n'est pas de savoir « comment » les chercheurs dont nous avons parlé ont fait leurs découvertes. Nous savons déjà que la naissance de toutes choses grandes et vraies exige discipline, patience et sacrifice. Mais ce que nous voulons connaître n'est-il pas « le lieu » où ces individus ont trouvé cette compréhension supérieure ? Dans quel « lieu » devons-nous chercher les lois intemporelles qui seules nous apporteront cette révélation, puis nous libérerons de nos vieilles limites ? La réponse de l'Ecclésiaste est surprenante, mais, ultimement, c'est la découverte la plus libératrice qui soit :

> En chacun de nous habitent déjà toutes choses qui seront jamais connues ; tous les pouvoirs, toutes les possibilités font partie des droits sacrés reçus à la naissance.

L'extrait suivant, tiré lui aussi de l'Ecclésiaste, apporte une dimension fondamentale à cette dernière idée : *Ce qui a été sera, ce qui a été fait sera fait à nouveau ; il n'y a rien de nouveau sous le soleil.*

Au début, il est difficile d'imaginer une telle idée – *en chacun de nous habitent déjà toutes choses qui seront jamais connues* –, mais nous ne pouvons faire fi de cette possibilité. Nous savons que dans le gland habite déjà un chêne puissant, et que le papillon *est* la chenille dont il se dégage. L'implication de ces découvertes est stupéfiante, et la promesse cachée en elles est encore plus phénoménale !

Examinons à présent ces vérités dans le cadre de notre vie quotidienne – notre lot commun. Elles jetteront davantage de lumière sur ces dernières idées.

Nous savons tous ce que c'est que d'être harcelés par des fragments de nous-mêmes qui veulent nous entraîner vers le bas. Appelons cela comme nous le voulons, mais une sorte de compulsion, d'obsession semble nous suivre dans toutes nos relations, les détériorant d'une façon ou d'une autre. Nous luttons du mieux que nous pouvons pour nous libérer de ces sombres dispositions, mais nous nous retrouvons invariablement à court d'arguments. Lentement mais sûrement, une chose devient très claire : nous commençons à comprendre que tenter de savoir ce que nous sommes et ce que nous avons été dans l'espoir de nous libérer de nos souffrances est comme demander à un ouragan de disposer en tas bien rangés une montagne de feuilles d'automne. Dès lors, nos yeux s'ouvrent à la vérité de notre condition et, quelque part au fond de notre misère, *nous voyons soudainement* notre vie dans une nouvelle lumière. Dans cette soudaine perception, un nouvel ordre de connaissance et de compréhension de nous-mêmes nous éclaire, et la vision très sombre de ce que nous sommes nous quitte, emportant avec elle toute souffrance.

Dans ces moments qui guérissent – ces moments où nous avons la sensation de nous éveiller d'un mauvais rêve – apparaît une nouvelle compréhension de ce que nous connaissons depuis toujours *mais que nous avons en quelque sorte oublié* ! Des révélations comme celle-là ne peuvent signifier qu'une chose : tout ce que nous avons besoin de savoir pour grandir au-delà de ce que nous sommes *fait déjà partie de notre nature véritable.* T. S. Eliot, poète et dramaturge anglais, résume très bien cette idée :

> Nous ne devons pas cesser d'explorer, et le but de toutes nos explorations doit être d'arriver là d'où nous sommes partis, et de voir cet endroit comme si c'était la première fois.

Dans les deux premières parties, nous avons appris qu'en dépit des nombreuses différences qui existent entre tous les êtres de ce monde – indépendamment de leur culture, de leurs traditions, de leur environnement et de leur hérédité – il n'y a qu'une recherche, une quête, et un objet sacré de désir. Nous nous rapprochons à présent du plus grand mystère de tous, que cette dernière partie illuminera hors de tout doute.

La source céleste de cette chose sacrée ne se trouve pas seulement en nous : *nous ne faisons qu'un avec elle.* Notre véritable moi fait autant partie de cette lumière éternelle que les rayons du soleil – qui ne font qu'un avec l'océan sur lequel ils dansent avec délice.

Chapitre six

Les maîtres parlent du sacré...

Je m'assieds près de celui qui se souvient de moi.

Moïse (le prophète Mûsâ) (1526-1406 av. ère chrétienne, Égypte)

J'aime ceux qui m'aiment ; et ceux qui me cherchent me trouveront bientôt.

Proverbes, Ancien Testament (vers 1000-700 av. ère chrétienne)

Que tu sois.

Upanishads (800-400 av. ère chrétienne,
ère indienne pré-bouddhiste)

Ce sera là la paix et la parfaite connaissance de l'Éternel.

Isaïe, Ancien Testament (vers 700 av. ère chrétienne)

Je leur donnerai un seul cœur et je mettrai en eux un esprit nouveau : j'extirperai de leur chair le cœur de pierre et je leur donnerai le cœur de chair [...]. Alors ils seront mon peuple et moi je serai leur Dieu.

ÉZÉCHIEL, Ancien Testament (593-565 av. ère chrétienne)

Par un accident de bonne fortune, un homme peut régner un moment sur le monde. Mais par la vertu de l'amour, il peut y régner à jamais.

LAO TSEU (570-490 av. ère chrétienne, Chine)

Quand j'ai atteint l'Absolue et Parfaite Illumination, je n'ai absolument rien atteint. C'est pour cela qu'on l'appelle l'Illumination Parfaite et Absolue.

BOUDDHA (vers 565-483 av. ère chrétienne, Inde)

Ceux qui sont éveillés partagent un seul monde ; ceux qui sont endormis sont retirés dans leur propre monde.

HÉRACLITE (535-475 av. ère chrétienne, Éphèse, Asie mineure)

Il ne fut jamais un temps où je n'existais pas, tout comme vous, tout comme nos rois. Et il n'y a pas de futur dans lequel nous cesserons d'être.

BHAGHAVAD GÎTÂ (500-200 av. ère chrétienne, Inde)

La lumière est l'ombre de Dieu.

PLATON (427-347 av. ère chrétienne, Grèce)

Ce qui est fut, ce qui sera a déjà été.

L'ECCLÉSIASTE, Ancien Testament (vers 250 av. ère chrétienne)

[...] ce que l'œil n'a pas vu, ce que l'oreille n'a pas entendu, ce qui n'est pas montré au cœur de l'homme, tout ce que Dieu a préparé pour ceux qui l'aiment.

ÉPÎTRE DE SAINT PAUL AUX CORINTHIENS,
Nouveau Testament (vers 54, Asie mineure)

Jésus a dit : « Je suis la lumière qui est sur eux tous. Je suis le Tout. Le Tout est sorti de moi et le Tout est venu à moi. Fendez du bois, je suis là ; soulevez la pierre, vous me trouverez là. »

L'ÉVANGILE selon Thomas (60-140, Égypte)

Dieu est esprit et c'est pourquoi ceux qui adorent doivent adorer en esprit et en vérité.

L'ÉVANGILE selon saint Jean, Nouveau Testament (vers 90)

L'humanité est libre depuis le commencement. Car Dieu est liberté et l'humanité a été faite à l'image de Dieu.

IRÉNÉE DE LYON (vers 115-date inconnue, Gaule sous l'Empire romain)

La plus haute sagesse consiste en ceci que l'homme doit se connaître lui-même, car en lui Dieu a placé ses paroles éternelles.

L'ÉVANGILE DE Q (130-250, lieu inconnu)

Il y a un sentiment divin plus élevé que le sentiment humain, qui permet à ceux dont le cœur est pur de voir Dieu.

ORIGÈNE (185-254, Égypte)

Partager la plénitude divine rend tous ceux qui partagent plus grands, plus libres, comme s'ils ne cessaient jamais de grandir. Car la source de la réalité ne cesse de couler, et tout l'être de celui qui partage grandit, et la capacité de recevoir grandit grâce à l'abondance des présents reçus.

Grégoire de Nyssa (335-vers 394, Césarée, Cappadoce)

Sachez dans quelle mesure le Créateur vous a honoré au-delà de tout le reste de la création. Le ciel n'est pas à l'image de Dieu, ni la lune, ni le soleil, ni la beauté des étoiles, ni tout ce que l'on voit dans la création. Vous seul avez été fait à l'image de la Réalité qui transcende toute compréhension, portrait de la beauté impérissable, empreinte de la vraie divinité, réceptacle de la béatitude, sceau de l'authentique lumière. Lorsque vous vous tournez vers Lui, vous devenez tout ce qu'il est lui-même.

Grégoire de Nyssa (335-vers 394, Césarée, Cappadoce)

Une fois par année, trois frères allaient voir le bienheureux Antoine. Les deux premiers lui posaient des questions à propos de leurs pensées et du salut de leur âme. Mais le troisième gardait le silence. Alors Abba Antoine lui dit : « Tu viens me voir ici depuis longtemps et tu ne m'as jamais posé de question. » Le frère a répondu : « Mon Père, te voir me suffit. »

Abba Poemen, Paroles des Pères du Désert (340-450, Égypte)

Vous tous qui êtes humains êtes à l'image de Dieu. Mais être semblable à lui n'appartient qu'à ceux qui, par leur grand amour, ont relié leur liberté à Dieu.

Diadochus de Photice (Ve siècle, Grèce)

Moi qui ne puis entrer dans l'univers et les univers, j'entre dans le cœur du vrai croyant.

Mahomet (vers 570-672, La Mecque, Arabie Saoudite)

Quiconque se connaît connaît Dieu.

Mahomet (vers 570-672, La Mecque, Arabie Saoudite)

Seul l'amour triomphe de la fragmentation de la nature humaine.

Maxime le Confesseur (580-641, Constantinople)

Allah possède une boisson qu'il réserve à ses amis les plus proches: quand ils la boivent, ils deviennent ivres, et quand ils sont ivres, ils deviennent joyeux, et quand ils sont joyeux, ils deviennent doux, et quand ils sont doux, ils commencent à fondre, et quand ils fondent, ils deviennent libres, et quand ils sont libres, ils cherchent, et quand ils cherchent, ils trouvent, et quand ils trouvent, ils arrivent, et quand ils arrivent, ils rejoignent, et quand ils rejoignent, il n'y a plus de différence entre eux et le Bien-Aimé.

Abi Ibn Abu Talib (596-661, La Mecque, Arabie Saoudite)

Quand Dieu voit que dans la pureté de cœur vous avez confiance en lui plus qu'en vous-mêmes [...] alors une force qui vous est inconnue vous habite. Et vous sentez, dans tous vos sens, que son pouvoir est en vous.

Isaac de Ninive (date inconnue-vers 700, Qatar)

Un esprit vraiment libre a atteint l'état dans lequel les opposés sont considérés comme vides. C'est la seule liberté.

HUI-HAI (730, Chine)

Ainsi, le Dieu le très haut a dit : « Quand j'aime un serviteur, je suis son oreille afin qu'il entende par mon intermédiaire ; je suis son œil afin qu'il voie par mon intermédiaire ; et je suis sa langue afin qu'il parle par mon intermédiaire. »

DHU'L-NUN AL-MISRI (791-860, Haute-Égypte)

Quand un homme peut laisser mourir son cœur, l'esprit primordial s'éveille à la vie.

LU-YEN (vers 880, Chine)

J'ai commis quatre erreurs dans les premières étapes de mon parcours : je pensais que je me souvenais de Lui, que je Le connaissais, que je L'aimais et Le cherchais, mais quand je L'ai trouvé, j'ai vu que Son souvenir précédait la mémoire que j'avais de Lui, que Sa connaissance de moi précédait ma connaissance de Lui, que Son amour de moi était plus ancien que mon amour de Lui, et qu'Il me cherchait afin que je puisse commencer à Le chercher.

BAYAZID BASTAMI (804-874, Perse)

La nature de la pluie est unique, mais elle fait grossir les épines dans les broussailles et les fleurs dans les jardins.

DICTON ARABE

Une fois encore je L'ai vu dans ma demeure. Parmi toutes ces choses de la vie quotidienne Il est apparu soudainement et est devenu indiciblement uni et mêlé à moi, bondissant vers moi sans que rien ne nous sépare, comme le feu au fer, comme la lumière au verre. Et Il m'a fait semblable au feu et à la lumière. Et je suis devenu ce que j'avais déjà vu avant, mais de loin. Je ne sais pas comment vous narrer ce miracle. Et je n'ai pas compris, et même en ce moment je ne comprends pas tout à fait comment Il est entré en moi et comment Il s'est uni à moi. Et maintenant que je suis uni à Lui, comment puis-je vous dire qui Il est, et qui m'a uni à Lui, et avec qui je suis à mon tour uni. Je crains qu'en racontant cela vous ne me croyiez pas et que, tombant de l'ignorance dans le blasphème, mon frère, vous perdiez votre âme. Lui, à qui je suis uni et avec qui je suis devenu Un. Mais comment puis-je me nommer, moi qui suis uni à Lui ? Dieu, qui est double par nature et Un en essence, m'a également fait double, et Il m'a doté d'un nom double. Là est la distinction : je suis un homme par nature, et Dieu par la grâce de Dieu.

SIMON LE JEUNE (949-1022, Constantinople)

Le conquérant de l'amour est celui qui aime conquérir.

HAKIM SANAÏ (1080-1131, Perse)

Tandis que la raison tente toujours de percer le secret, vous terminez votre quête dans le vaste champ de l'amour.

HAKIM SANAÏ (1080-1131, Perse)

Une goutte individuelle peut se mêler à l'océan et garder néanmoins tout son sens. Elle a trouvé sa « demeure ».

Farid al-Din Attar (vers 1140-vers 1221, Nishapur, Khorasan)

Quelqu'un se rendit à la porte de l'Aimé et frappa.
Une voix demanda : « Qui est là ? »
Il répondit : « C'est moi. »
La voix dit : « Il n'y a pas de place pour Moi et pour Toi. »
Et la porte resta fermée.
Après une année de solitude et de privation, il retourna à la porte et frappa.
Une voix à l'intérieur demanda : « Qui est là ? »
L'homme répondit : « C'est Toi. »
La porte s'ouvrit et il fut accueilli.

Jalal al Din Rumi (1207-1273, Balkh)

Quand l'océan se gonfle,
ne me laisse pas seulement l'écouter.
Laisse-le éclabousser ma poitrine !

Jalal al Din Rumi (1207-1273, Balkh)

Rien dans la création n'est aussi semblable à Dieu que l'immobilité.

Maître Eckhart (1260-vers 1307, Thuringe)

L'œil avec lequel je vois Dieu est le même que celui avec lequel Dieu me voit.

Maître Eckhart (1260-vers 1307, Thuringe)

Ainsi, l'on m'a appris que l'amour est le dessein de notre Seigneur. Et j'ai vu plus sûrement en cela et dans tout que Dieu nous aimait avant de nous créer, et que cet amour n'a jamais été ébranlé et ne le sera jamais. Et dans cet amour il a fait toute son œuvre, et dans cet amour il a fait toutes choses profitables pour nous, et dans cet amour notre vie est éternelle. Dans notre création est notre commencement, mais l'amour dans lequel Il nous a créés était en Lui sans commencement. Dans cet amour nous avons notre propre commencement, et dans tout cela nous verrons Dieu sans fin.

Julien de Norwich (1342-vers 1416, Angleterre)

Je ne pense jamais à l'éternité sans ressentir un grand réconfort. Car je me dis à moi-même : comment mon âme pourrait-elle saisir l'idée de l'éternité de toutes choses si les deux n'étaient pas unis ?

Saint François de Sales (1567-1622, France)

Quand tu t'éloignes entièrement de la créature et de ce qui est visible, et que tu n'es plus rien pour tout ce qui est nature et créature, alors tu es dans l'Un Éternel avec Dieu lui-même : et tu percevras et sentiras alors en toi la plus haute vertu d'amour [...]. Quiconque le trouve trouve tout.

Jacob Boehme (1575-1624, Allemagne)

Ce n'est pas « l'homme » abstrait qui reconnaît. C'est toujours un certain principe, devenu actif en lui, qui reconnaît sa propre contrepartie dans la nature extérieure lorsqu'il entre en contact avec elle. Seul celui dans lequel est la lumière peut voir la lumière; seul l'élément d'amour peut ressentir l'amour; seule la divinité en l'homme peut connaître Dieu en l'homme et à travers l'homme.

JACOB BOEHME (1575-1624, Allemagne)

L'océan infini a absorbé le fleuve et ses eaux limitées. Maintenant, le fleuve partage tout ce qui est dans l'océan. L'océan porte le fleuve; le fleuve ne peut couler seul. Le fleuve ne fait qu'un avec la mer. Non, le fleuve n'a pas toutes les qualités de la mer, mais il est néanmoins dans la mer.

JEANNE GUYON (1648-1717, France)

Dieu ne cesse de parler; mais le bruit des créatures au-dehors et de nos passions au-dedans nous étourdit et nous empêche de l'entendre. Tout doit être silencieux autour de nous, et tout doit être immobile en nous lorsque nous écoutons cette voix avec toute notre âme.

FÉNÉLON (1651-1715, France)

Là où il y a abondance de lumière l'ombre est dense.

GOETHE (1749-1832, Allemagne)

Oh, combien le sortilège devant mes yeux appelle à la lumière les œuvres secrètes de la nature. Voyez! Toutes choses se mêlant les unes aux autres, chacune se prêtant à l'autre, et toutes dépendant des autres à leur tour, ministres célestes descendant puis remontant dans les cieux, flottant, se mélangeant, s'entrelaçant [...]. Le cœur de l'homme peut-il étreindre cette nature sans limites?

GOETHE (1749-1832, Allemagne)

Voir un monde dans un grain de sable
Et le ciel dans une fleur sauvage
Tenir l'infini dans le creux de ta main
Et l'éternité dans une heure.

William Blake (1757-1827, Angleterre)

Notre naissance n'est que sommeil et oubli.
L'âme qui se lève avec nous, notre étoile de vie,
A eu ailleurs son couchant
Et vient de loin.
Ce n'est pas dans un total oubli
Ni dans une simple nudité,
Mais en traînant derrière nous des nuages de gloire,
Que nous venons de Dieu, qui est notre demeure.

William Wordsworth (1770-1850, Angleterre)

Les étoiles éternelles étincellent dès que l'obscurité est assez profonde.

Thomas Carlyle (1795-1881, Écosse)

Une petite considération pour ce qui se passe quotidiennement autour de nous nous révélerait qu'une loi plus importante que celle de notre volonté régule les événements; que nos pénibles travaux sont inutiles et stériles; et que nous ne sommes forts que dans nos actions aisées, simples, spontanées; et qu'en nous contentant d'obéir, nous devenons divins. La foi et l'amour – un amour fervent – nous débarrasseront de lourds fardeaux. Ô mes frères, Dieu existe.

Ralph Waldo Emerson (1803-1882, États-Unis)

Le seul fait que hait le monde est que l'âme *devienne*; car cela dégrade à jamais le passé, transforme les richesses en pauvreté, la gloire en honte; confond le saint et le coquin, place Jésus et Judas au même rang.

RALPH WALDO EMERSON (1803-1882, États-Unis)

Je fais partie de tout ce que j'ai rencontré.

ALFRED TENNYSON (1809-1892, Angleterre)

Ceux qui aiment Dieu sont ceux que Dieu aime.

DICTON SOUFI

Il y a dans l'éternité quelque chose de vrai et de sublime. Mais toutes ces époques et ces lieux et ces occasions sont ici et maintenant. Dieu lui-même domine dans le moment présent et ne sera jamais mortifié dans les fossés du temps. Le temps n'est qu'un ruisseau dans lequel je vais pêcher. Je bois son eau, mais quand je bois je vois son fond sablonneux et je peux évaluer sa profondeur. Son fin courant ne cesse de couler mais l'éternité reste.

HENRY DAVID THOREAU (1817-1862, États-Unis)

L'être qui a atteint l'harmonie, et chaque être peut l'atteindre, a trouvé sa place dans l'ordre de l'univers et représente la pensée divine aussi clairement qu'une fleur ou un système solaire. L'harmonie ne cherche rien en dehors d'elle-même. Elle est ce qu'elle doit être; elle est l'expression du bien, de l'ordre, de la loi et de la vérité; elle est plus vaste que le temps et représente l'éternité.

HENRI AMIEL (1821-1881, Suisse)

Qu'est-ce que la vie? Est-ce l'éclair d'une luciole dans la nuit? Est-ce le souffle d'un bison dans l'air frais du printemps? Est-ce la petite ombre qui court dans l'herbe et s'éteint au crépuscule?

CROWFOOT, chef de la Première Nation Siksika (1820-1890, Canada)

Les eaux se connaissent, et attirent
Le ruisseau qui jaillit de là-haut;
Ainsi coule le bien, dans un égal équilibre,
Dans l'âme des pures délices.

Les étoiles apparaissent la nuit dans le ciel;
Les raz-de-marée retournent à la mer;
Ni le temps, ni l'espace, ni les profondeurs, ni les hauteurs
Ne peuvent me séparer de moi-même.

JOHN BURROUGHS (1837-1921, États-Unis)

Quand nous tentons de choisir une chose, nous nous apercevons qu'elle est attachée à tout dans l'univers.

JOHN MUIR (1838-1918, Écosse)

L'infini recherche la présence intime du fini, le fini qui doit disparaître dans l'infini. J'ignore de qui est ce plan voulant que les limites soient en quête de liberté, une liberté qui doit être enfermée dans des limites.

RABINDRANATH TAGORE (1861-1941, Inde)

Rien n'est caché de celui qui triomphe de lui-même. Dans la cause des causes tu devrais pénétrer, et soulever, l'un après l'autre, chaque voile de l'illusion, pour atteindre le Cœur le plus profond de l'Être. Ainsi, en ne faisant qu'un avec la Vie tu connaîtras toute la vie, et en examinant toutes les causes, en connaissant toutes les réalités, tu ne seras plus angoissé à propos de toi-même et des autres et du monde, mais tu verras que toutes ces choses sont les véhicules de la Grande Loi.

James Allen (1864-1912, Angleterre)

Ce qui est réel ne peut être détruit, seul ce qui est irréel peut l'être. Quand un homme découvre en lui ce qui est réel, ce qui est constant, permanent, fixe, éternel, il entre dans cette Réalité et devient docile. Tous les pouvoirs des ténèbres se ligueront contre lui, mais ils ne pourront le blesser, et ils finiront par disparaître.

James Allen (1864-1912, Angleterre)

L'homme est un symbole des lois de la création ; en lui se trouvent l'évolution, l'involution, le progrès et la régression, la lutte entre le positif et le négatif, l'actif et le passif, le oui et le non, le bien et le mal.

George Gurdjieff (vers 1872-1949, région du Caucase)

Seul le permanent illimité est ici. Une Paix extraordinaire, sans visage, immobile, remplace tout, tout ce que je fus, et dans cette paix, un vide silencieux et sans nom se fond dans l'inconnaissable ou vibre dans les mers lumineuses de l'Infini.

Sri Aurobindo (1872-1950, Inde)

Vous allez et venez. Les portes se referment
encore plus doucement, presque sans vibration.
De tout ce qui se déplace dans la maison paisible,
vous êtes le plus calme.
Nous sommes tant habitués à votre présence
que nous ne levons même plus la tête
quand votre ombre tombe sur notre livre et le fait luire.
Car toutes choses
vous chantent : mais parfois,
nous les entendons plus clairement.

RAINER MARIA RILKE (1875-1926, République tchèque)

Aussi loin que nous puissions voir, le seul but de l'existence humaine est d'éclairer le côté sombre de l'être. On pourrait même présumer ceci : tout comme l'inconscient nous affecte, le développement de notre conscience affecte l'inconscient.

CARL JUNG (1875-1961, Suisse)

Pour la plupart des gens, même éduqués et rationnels, le principal obstacle dans la recherche de la conscience consiste à croire qu'ils la possèdent déjà, elle et tout ce qui lui est associé : l'individualité dans le sens du *je* permanent et immuable, la volonté, la capacité d'agir, et ainsi de suite. Il est évident qu'une personne ne sera pas intéressée si vous lui dites qu'elle peut acquérir, grâce à de longs et difficiles efforts, quelque chose que, selon elle, elle possède déjà. Elle pensera soit que vous êtes fou, soit que vous voulez la tromper pour satisfaire un objectif personnel.

P. D. OUSPENSKY (1878-1947, Russie)

La véritable valeur de l'être humain réside dans le degré auquel il a pu se libérer du moi.

Albert Einstein (1879-1955, Allemagne)

Toute chose possède ses merveilles, même les ténèbres et le silence, et j'ai appris à m'en satisfaire, quel que soit l'état dans lequel je me trouve.

Hellen Keller (1880-1968, États-Unis)

Quand votre présence, Seigneur, m'a eu inondé de sa lumière, j'ai voulu trouver en Elle la Réalité tangible par excellence.
Maintenant que je vous tiens, Consistance suprême, et que je me sens porté par Vous, je me rends compte que le fond secret de mes désirs n'était pas d'embrasser, mais d'être possédé.

Pierre Teilhard de Chardin (1881-1955, France)

Qu'ils viennent donc à moi le souvenir et la mystique présence de ceux que la lumière éveille pour une nouvelle journée !

Pierre Teilhard de Chardin (1881-1955, France)

Vous dites souvent : « Je donnerai, mais seulement à ceux qui le méritent. »
Les arbres de votre verger ne disent pas cela,
Ni les troupeaux de vos pâturages.
Ils donnent pour vivre, car garder c'est périr.

Khalil Gibran (1883-1931, Liban)

En présence d'un sens plus large, tous les sens moindres qui emplissent notre cerveau rétrécissent et reviennent à leurs véritables proportions [...]. Car en présence d'un sens plus grand, nous sommes délivrés de tout ce qui est petit, trivial, absurde.

MAURICE NICOLL (1884-1953, Écosse)

Un physicien n'est rien de plus que la façon avec laquelle un atome se regarde.

NIELS BOHR (1885-1962, Danemark)

Vous ne jouissez correctement du monde que lorsque l'océan coule dans vos veines, lorsque vous êtes revêtu du manteau des cieux et portez une couronne d'étoiles, et que vous vous percevez comme le seul héritier de ce monde – et plus que cela, car tous les hommes sont autant que vous ses seuls héritiers.

W. J. TURNER (1889-1946, Australie)

Nous n'inventons rien. Nous empruntons et recréons. Nous mettons au jour et nous découvrons. Tout a été donné [...] il nous suffit d'ouvrir les yeux et les oreilles pour ne faire qu'un avec tout ce qui est.

HENRY MILLER (1891-1980, États-Unis)

Dieu est le miroir du silence dans lequel toute la création se reflète.

PARAMAHANSA YOGANANDA (1893-1952, Inde)

Le miroir est absolument dénué d'ego et d'esprit. Si une fleur se présente, il reflète une fleur, si un oiseau arrive, il reflète un oiseau. Il montre un bel objet comme tel, un laid comme tel. Toute chose se révèle telle qu'elle est. Il n'y a, dans ce miroir, aucune discrimination ou égocentrisme. Si quelque chose vient à lui, le miroir le reflète ; si cette chose disparaît, le miroir la laisse simplement disparaître [...] et aucune trace de cette chose ne reste. Une telle absence d'attachement, cet état de non-esprit, ce travail absolument libre du miroir peut être comparé à la sagesse pure et lucide de Bouddha.

ZENKEI SHIBAYMA (1894-1974, Japon)

Tandis que je regarde, à travers une petite fenêtre,
Une simple feuille verte, une petite tache dans le vaste ciel bleu,
Je commence à Te percevoir, au commencement de toutes choses.
Et quand la feuille se décolore et se fane, que la tache se recouvre d'un sombre nuage,
Tu T'affadis et disparais,
Mais pour renaître
Comme la simple feuille verte, comme la petite tache dans le ciel bleu.

Pendant plusieurs vies, j'ai vu le triste hiver et le vert printemps.
Emprisonné dans ma petite chambre,
Je ne pouvais voir l'arbre entier, ni le ciel.
J'ai juré qu'il n'y avait pas d'arbre ni de vaste ciel –
C'était la vérité.

Tout au long du temps et de la destruction
Ma fenêtre s'est élargie.
J'ai regardé,

Aujourd'hui,
Une branche couverte de feuilles,
Et une plus grande tache de bleu, et beaucoup de nuages.
J'ai oublié la simple petite feuille verte, la petite tache dans le vaste bleu du ciel.
J'ai juré qu'il n'y avait pas d'arbre, ni de ciel immense –
C'était la vérité.

Fatigué de cette prison,
De cette petite geôle,
J'ai ragé contre ma fenêtre.
Avec des doigts qui saignaient,
J'ai arraché brique après brique, j'ai regardé,
Aujourd'hui,
L'arbre entier, son tronc large,
Toutes ses branches et ses milliers de feuilles,
Et une grande partie du ciel.
J'ai juré qu'il n'y avait pas d'autre arbre, ni d'autre morceau de ciel –
C'était la vérité.

Cette prison ne m'enferme plus,
J'ai fui à travers la fenêtre, Ô ami,
J'ai regardé chaque arbre et la vaste étendue de ce ciel sans limite.
Bien que je vive dans chaque simple feuille et dans chaque petite tache dans le vaste ciel bleu,
Bien que je vive dans chaque prison, regardant au dehors à travers chaque petite vitre,

Je suis libéré.
Regardez ! Rien ne peut plus m'enchaîner –
C'est la vérité.

KRISHNAMURTI (1895-1986, Inde)

Aucune annonce ne dit au monde qu'un être a connu l'illumination. Aucun héraut ne souffle dans sa trompette pour proclamer la plus grande victoire de l'homme sur lui-même. C'est, en fait, le moment le plus paisible de sa vie.

PAUL BRUNTON (1898-1981, Angleterre)

Cueillez une fleur sur la Terre et vous faites bouger la plus lointaine étoile.

PAUL DIRAC (1902-1984, Angleterre)

La survie est la seconde règle de vie. La première est que nous sommes seuls.

JOSEPH CAMPBELL (1904-1987, États-Unis)

Quand arrive le pas suivant, ne le faites pas, vous ne savez pas quelle est la transition, vous ne tombez dans aucun schéma. Vous n'allez nulle part, donc vous ne connaissez pas le chemin pour vous y rendre, ni celui pour en revenir. Vous n'êtes certainement pas perdu. Vous ne volez pas. Il n'y a pas d'espace, ou il y a tout l'espace : cela ne fait aucune différence.
Le pas suivant n'est pas un pas.
Vous n'êtes pas transporté d'un niveau à un autre.
Ce qui arrive est que l'entité qui était vous disparaît soudainement et que rien ne reste que pure liberté, indiscernable de la Liberté infinie, de l'amour

identifié à l'Amour. Non pas deux amours, l'un attendant l'autre, luttant pour l'autre, le cherchant, mais l'Amour Aimant en Liberté.

THOMAS MERTON (1915-1968, France)

Dieu appelle le cœur et le fait exulter ; puis il disparaît ; puis il se révèle à nouveau. Grâce à l'épreuve du renoncement et d'un « sentiment » plus vivant de Dieu, une personne échappe petit à petit aux attaques du mal : la lumière pénètre et protège de plus en plus sa nature. Mais Dieu refuse de procurer une preuve irrésistible de sa présence. S'il le faisait, il détruirait la possibilité même d'une rencontre et le cadeau gratuit de son amour.

OLIVIER CLÉMENT (1921-2009, France)

Les mystiques de toutes traditions parlent un seul et unique langage, celui de l'expérience religieuse.

FRÈRE DAVID STEINDL-RAST (1926, Australie)

L'obscurité ne peut chasser l'obscurité ; seule la lumière peut le faire. La haine ne peut chasser la haine ; seul l'amour peut le faire.

MARTIN LUTHER KING (1929-1968, États-Unis)

Ne nous querellons pas pour un mot. « Dieu » n'est qu'un mot, un concept. On ne se querelle jamais à propos de la réalité ; on se querelle seulement à propos d'opinions, de concepts, de jugements. Laissez tomber vos concepts, laissez tomber vos opinions, laissez tomber vos préjugés, laissez tomber vos jugements et vous y verrez plus clair.

ANTHONY DE MELLO (1931-1987, Inde britannique)

Dieu est comme un miroir. Le miroir ne change jamais, mais tous ceux qui s'y regardent voient quelqu'un de différent.

Rabbin Harold Kushner (1935, États-Unis)

N'est-ce pas une formidable preuve de la vérité de la religion que ces longues heures – pourtant passées dans une communication silencieuse avec Dieu qui ne répond jamais directement – soient néanmoins une communication à deux ? La personnalité est, petit à petit et de façon permanente, transformée dans ses profondeurs, et d'une manière qui serait inconcevable s'il n'y avait « rien ».

Clifford Longley (1940, Angleterre)

Lorsque vous savez que vous êtes éternel, vous pouvez jouer votre véritable rôle. Lorsque vous savez que vous êtes divin, vous pouvez devenir totalement humain. Quand vous savez que vous ne faites qu'un avec Dieu, vous êtes libre de devenir vous-même, un individu, un saint – et mon enfant.

Mère Meera (1960, Inde)

Ne vous lamentez pas sur ma tombe, car je ne suis pas là. Je ne dors pas. Je suis mille vents qui soufflent. Je suis le scintillement du diamant sur la neige. Je suis la lumière du soleil sur le grain mûr. Je suis la douce pluie d'automne. Ne pleurez pas sur ma tombe. Je ne suis pas là. Je ne suis pas mort.

Poème amérindien

La vérité est une ; les sages lui donnent une foule de noms.

Dicton hindou

Chapitre sept

Formulez votre vrai nom

Il était une fois un petit Être assis près d'un ruisseau… triste, soupirant, un petit peu effrayé. C'est alors que Salomon, le sage et vieil hibou, passe juste au-dessus de sa tête.

Pendant toutes ces années consacrées à veiller sur la forêt – gardien et guide de toutes les créatures sylvestres – Salomon a apporté son assistance et ses conseils dans une foule de situations aussi tristes : il sait qu'il peut aider ce petit Être… *à condition que* ce dernier le veuille. Donc, avec un mouvement de la tête et un léger virage sur une de ses grandes ailes, il pique vers le sol et atterrit avec douceur près de la bûche sur laquelle le petit Être est assis. Afin que son arrivée ne surprenne pas trop le petit Être, il commence à parler avant même d'avoir replié ses ailes.

« Allons, allons, mon petit ! dit-il sur un ton très tendre, peux-tu me dire ce qui te rend aussi triste ? »

Le petit Être ne lève même pas la tête, et parle encore moins. Alors Salomon décide de se comporter comme s'il avait reçu une réponse. Il poursuit donc, avec encore plus de gentillesse…

« Oh oui ! dit-il, oui, certainement… ! Je sais exactement ce que tu ressens. » Il observe son interlocuteur, attendant que ce dernier salue au moins sa présence. Rien.

« Tu sais, dit-il, il y a des moments où parler de ses problèmes avec un ami peut aider… surtout si cet ami sait de quoi on parle… ce qui est justement… » Il fait une petite pause, juste assez longue pour s'assurer qu'il a capté l'attention du petit Être. « Ce qui est justement mon cas. »

Un autre moment s'écoule. Alors, très lentement, le petit Être tourne la tête et regarde Salomon. Leurs yeux se rencontrent, il sourit. Il voit sûrement toute la bienveillance répandue sur ce visage, car il pousse un profond soupir et se met à parler.

« Tout ce que je veux, c'est être content de moi. Est-ce trop demander ? Les autres créatures semblent contentes d'elles, mais ce sentiment ne dure jamais longtemps chez moi ; il y a toujours quelque chose qui arrive et qui gâte tout. » Laissant tomber sa tête dans ses petites mains, il ajoute, en pleurant : « Qu'est-ce qui cloche avec moi ?

– Il n'y a rien qui cloche avec *toi*, mon petit. Mais je me demande…

– Alors…, interrompt le petit Être, pourquoi tant de petites choses me tracassent-elles ? Comment se fait-il que personne ne me comprenne et ne m'apprécie pour ce que je suis ? J'éprouve constamment ce terrible besoin de faire mes preuves… Et j'ai peur que… »

Salomon en a assez entendu ; il a saisi le train de pensées de son interlocuteur. « Attends un instant, mon petit, pas si vite ! Pour que je puisse comprendre tes soucis – et je suis certain que je le peux –, ne crois-tu pas que nous devrions d'abord nous présenter l'un à l'autre ? N'est-ce pas la première chose à faire ? » Sans attendre l'assentiment du petit Être, il ajoute : « Je m'appelle Salomon... Ravi de faire ta connaissance ! Et... tu es ? »

Comprenant que Salomon a raison, le petit Être se redresse et, d'une petite voix, déclare : « Mon nom est Quelqu'un.

– Vraiment ? Comme *ce* nom est intéressant ! C'est celui que l'on t'a donné à la naissance ?

– Je ne me souviens vraiment pas ! répond timidement l'autre. Mais je ne crois pas.

– Alors, comment as-tu fini par t'appeler Quelqu'un ?... Qui t'a donné ce nom ? »

L'interrogation prend le petit Être par surprise. Personne ne lui a jamais posé cette question.

« En fait, c'est un peu brumeux, mais un jour je me suis retrouvé par hasard au plus profond de la forêt. Je me suis demandé comment j'étais arrivé là, je me suis même demandé qui j'étais. »

Réalisant que son histoire doit sembler bien confuse à l'étranger, il le regarde, guette sa réaction, mais Salomon ne semble pas surpris. Après une profonde respiration, le petit Être poursuit :

« C'est à ce moment-là que j'ai eu la chance de rencontrer une brave corneille qui s'appelait Magnus. Elle m'avait sûrement déjà vu à un endroit ou à un autre, car, lorsque je lui ai fait part de ma confusion, elle a été assez aimable pour prononcer mon nom. » Ébauchant un tout petit sourire, le petit Être interroge Salomon du regard dans l'espoir que celui-ci l'a compris. Il est content, mais il ne le montre pas, oh non !

« Hum, oui… c'est bien ce que je pensais, répond gravement Salomon.

– Qu'est-ce que *cela* veut dire ? dit le petit Être, un peu sur la défensive.

– Je crois que je vois quel est ton problème. Je sais pourquoi tu es incapable de t'entendre avec les autres créatures, et ce qui t'empêche d'être content de toi. »

Le petit Être n'est pas du tout sûr d'aimer le tour que prend la conversation. Il n'a pas du tout envie que Salomon lui rappelle ce qu'il sait déjà, mais il ne peut s'empêcher de questionner. « Et, selon vous, qu'est-ce que cela peut bien être ? »

Salomon réfléchit afin de choisir soigneusement ses mots. Finalement, sur un ton doux et mesuré, il lui répond : « Mon petit, on t'a menti à propos de ton nom ; ton nom n'est pas celui que l'on t'a dit. »

De toutes les réponses qu'il aurait pu imaginer, celle-là est la moins compréhensible. Le petit Être sursaute sous le choc. Un frémissement traverse toute sa personne, son cœur bat la chamade. Alors, retrouvant son souffle – qui l'a quitté sans qu'il s'en aperçoive –, il avale sa salive et demande : « Mais que voulez-vous dire, on m'a menti à propos de mon nom ? Si mon nom n'est pas Quelqu'un… quel est-il ?

– Ton vrai nom est *Tout le monde.* »

LAISSEZ LES VAGUES BALAYER LES RIVES DE VOTRE ÂME

Il y a un entrepôt de Santé mentale,
Une chambre forte de l'Amour,
Un trésor de Gentillesse,
Le Tout est plein à craquer.

Sentez-vous cette pression de la Lumière
Pour seulement devenir Lumière ?

Les murs de votre cœur
N'ont-ils pas envie de tomber
Pour que s'ouvrent les écluses de la Liberté ?

Vous possédez des richesses inconnues,
Mais vous avez perdu la carte menant aux plus hautes régions de vous-même
Celles que vous avez toujours survolées.

Oubliez ce monde et ses courants intermittents
Dont les eaux surgissent et se retirent.
Cherchez l'Océan, affrontez Sa puissante marée,
Jusqu'à ce que les vagues balaient les rives de votre âme.

Remerciements

Un ouvrage comme celui-ci – dont les matériaux ont été rassemblés et peaufinés pendant plusieurs années – exigeait la participation d'*un grand nombre* de collaborateurs. Certains de ceux qui ont joué un rôle déterminant dès les débuts du projet ne sont plus de ce monde, mais leur contribution se poursuit… tout comme ma gratitude pour le dévouement dont ils ont fait preuve tout au long du chemin.

Mes remerciements chaleureux à Robert DeJohn, Denise Welch, Sara Robinson et le Dr Ellen Dickstein pour leur collaboration patiente dans l'agencement et l'organisation du texte au cours de ses différentes incarnations.

Toute ma reconnaissance à la formidable équipe éditoriale de Red Wheel/Weiser, Addie Johnson et, surtout, mon éditrice Jan Johnson. C'est elle qui m'a encouragé dans la réalisation de ce projet et qui a coordonné les démarches éditoriales qui ont présidé à la naissance du livre.

Enfin, ma profonde gratitude à Patricia, mon amie, ma partenaire d'existence, mon épouse, qui a cette capacité de voir ce qui m'échappe dans le développement de mes travaux, et qui attend toujours de moi le meilleur. Ses yeux sont les premiers et les derniers à lire mes textes ; ses idées ont joué un rôle essentiel dans la présentation de cet ouvrage.

G. F.

Du même auteur

Les clés pour lâcher prise (2003)
Prier pour lâcher prise (2003)
Le cœur apprenti (2003)
Vaincre l'ennemi en soi (2003)
Pensées pour lâcher prise (2004)
Vivre et lâcher prise (2005)
Une année pour lâcher prise (2006)
Soyez votre propre lumière (2008)

Pour une liste complète des ouvrages de l'auteur, visitez le site www.guyfinley.org et joignez-vous au club Key Lesson afin de lire les lettres et nouvelles hebdomadaires.

L'auteur

Guy Finley vit et enseigne dans le sud de l'Oregon, où il a fondé et dirige l'organisme sans but lucratif Life of Learning, école de réputation mondiale d'accomplissement personnel. Depuis trente ans, il aide des personnes à bâtir une existence faite de liberté sans compromis et de plénitude permanente.

Ce maître moderne est l'auteur de plus de quarante best-sellers et d'albums audio.

Visitez sa fondation à : www.guyfinley.org et souscrivez à sa lettre hebdomadaire gratuite.

Pour écrire à l'auteur au sujet de ce livre, recevoir des informations sur ses cours ou demander un catalogue de ses ouvrages (accompagné d'un guide d'études gratuit), envoyez une enveloppe timbrée, avec votre adresse, à :

Guy Finley
PO Box 10–S, Merlin
OR 97532
États-Unis
Téléphone : 541-476-1200

Pour en savoir davantage sur les travaux de Guy Finley et sur sa fondation, pour une foule d'informations utiles sur des téléchargements gratuits audio et vidéo, et pour demander votre trousse de départ (gratuite), visitez www.guyfinley.org.

Ce livre fait partie d'un projet beaucoup plus vaste : le Projet OneJourney, dont l'objectif est de répandre sur toute la planète le message de notre lien céleste avec tous nos frères humains. Pour en savoir davantage sur ce travail essentiel, et pour vous investir dans la grande promesse qu'il contient pour toute l'humanité, visitez OneJourney.org.

Bibliographie

Cette liste ne présente qu'une petite fraction des ressources utilisées dans le recueil de citations de cet ouvrage. La majorité du matériel a été rassemblé sur une période de plus de trente ans et est parvenue à l'auteur par l'intermédiaire de sources différentes : amis, lettres de lecteurs, large éventail de publications diverses.

La Sainte Bible, Bible de Jérusalem.

« Chant de Salomon » (*Cantique des Cantiques*), Bible de Jérusalem, Évangile selon Thomas.

Allen, James. *L'homme est le reflet de sa pensée*, Un Monde Différent, Brossard, Qc, Canada, 1998.

Bennett, J. G. *Deeper Man*, Bennett Books, Santa Fe, 1994.

Boehme, Jacob. *Jacob Boehme : Life and Doctrines*, Blauvelt, Steiner Books, New York, 1977.

Bucke, Richard Maurice. *La Conscience Cosmique*, Librairie de l'Inconnu, Paris, 1989.

Bullett, Gerald. *The Testament of Light*, Wings Books, Avenel, NJ, 1994.

Clément, Olivier. *Les mystiques chrétiens des origines*, Stock, Paris, 1992.

Collin, Rodney. *The Mirror of Light*, Shambhala, Boston, 1959.

De Salzmann, Jeanne. *The Reality of Being*, Shambhala, Boston, 2010.

Emerson, Ralph Waldo. *Sept essais d'Emerson*, Armand Colin, Paris, 1899.

Gilbert, Mark. *Wisdom of the Ages*, Garden City Publications, New York, 1936.

Gurdjieff. *Rencontres avec des hommes remarquables*, film de Peter Brook, 1979.

Guyon, Jeanne. *Œuvres mystiques*, Honoré Campion, Paris, 2008.

Hartman, Franz. *Personal Christianity a Science : The Doctrines of Jacob Boehme the God taught Philosopher*, Kessinger Publishing House, 2004.

Howard, Vernon. *The Mystic Masters Speak*, New Life Books, Boulder City, NV, 1974 ; *The Power of Your Supermind*, Prentice Hall, Englewood Cliffs, NJ, 1988.

James, William. *Les formes multiples de l'expérience religieuse*, Exergue, Paris, 1902.

Krishnamurti. *Premiers écrits*, Chetana, Bombay, India, 1971 ; *The Flame of Attention*, Harper & Row, San Francisco, 1984.

Leary, William. *The Hidden Bible*, C&R Anthony Inc., New York, 1952.

Maître Eckhart. *Sermons – Du miracle de l'âme*, coll. Sagesse de vie, Calmann-Lévy, Paris.

Morris, Audrey Stone. *One Thousand Inspirational Things*, Hawthorne Books, New York, 1951.

Nicoll, Maurice. *Psychological Commentaries on the Teachings of Gurdjieff & Ouspensky*, ME, Weiser, York Beach, 1980.

Nicoll, Maurice. *L'homme nouveau*, De Tournadieu, France, 1991.

Ouspensky, P. D. *In Search of the Miraculous*, Harvest/HBJ Books, New York, 1976 ; *The Fourth Way*, Vintage Books, 1971.

Rilke, Rainer Maria. *L'amour inexaucé*, Points Sagesses, Paris, 2009.

Saint Augustin. *Les Confessions*, La Pléiade, Gallimard, Paris, 1998.

Schimmel, Annemarie. *I Am Light, You Are Fire : The Life and Works of Rumi*, éd. par John L. Mood, W. W. Norton & Co, New York, 1995.

Theilhard de Chardin. *Hymne de l'univers*, Bibliothèque des Classiques, 1961.

Thoreau, Henry David. *Walden ou la vie dans les bois*, L'Imaginaire, Gallimard, Paris, 1990.

Tozer, A.W. *Men Who Met God*, Christian Publications, Camp Hill, PA, 1986.

Underhill, Evelyn. *Mystics of the Church*, Morehouse Publications, Harrisburg, PA, 1995.

Watson, Lillian. *Light From Many Lamps : A Treasury of Inspiration*, Simon and Schuster, New York, 1951.

Watts, Alan. *Mémoires*, Fayard, Paris, 1977.

Wright, Louis B. and Virginia A. LaMar. *The Play's the Thing*, Harper & Row, New York, 1963.

Table des matières

Suivez-nous sur le Web

Consultez nos sites Internet et inscrivez-vous à l'infolettre pour rester informé en tout temps de nos publications et de nos concours en ligne. Et croisez aussi vos auteurs préférés et notre équipe sur nos blogues !

EDITIONS-HOMME.COM
EDITIONS-JOUR.COM
EDITIONS-PETITHOMME.COM
EDITIONS-LAGRIFFE.COM

MARQUIS

Marquis imprimeur inc.

Québec, Canada
2011

Achevé d'imprimer au Canada
sur papier Enviro 100% recyclé

100%

BIO GAZ
ÉNERGIE